強運を味方につける49の言葉

本田 健

PHP文庫

○本表紙図柄＝ロゼッタ・ストーン（大英博物館蔵）
○本表紙デザイン＋紋章＝上田晃郷

はじめに

数ある本の中から、この本を手に取ってくださって、ありがとうございます。今から、あなたは、「運」という人生でもっとも不思議な法則について、見ていくことになります。

世の中には、運のいい人と、運の悪い人がいます。本人がどれだけ努力しても、うまくいかないことはよくあります。逆に、たいして何もしていないのに、とんとん拍子で人生がうまくいく人もいます。

同じような年齢、容姿、学歴、才能なのに、いったい何が違うのでしょうか。

私は、それが運だと思います。でも、「あの人は、運がいいから成功した」と言ってしまったら、運のあまりよくない人は何もすることがなくなります。

そこで、「運のいい人は、なぜ運がいいのか？」ということを本書のテーマとして扱い、普通の人が、日常でできる運をよくするコツをまとめました。

「運のいい人」を観察していると、運のいい人には、独特の見方、考え方、感じ方、行動のスタイルがあることがわかります。

それを言葉という切り口で、「49の言葉」に集約しました。

運がいい人は、どういうことを感じ、考え、行動しているのか。

それを見ていくことで、あなたの人生にも、少しずつ変化が起きるはずです。

人生は、何を感じ、考え、行動するのか、で決まります。

運のいい人は、普通の人よりも、いろいろなことを感じています。それは、感謝であったり、悲しみであったり、イライラであったりします。それを踏まえた上で、上手に人と向き合っています。

また、ふだんの考え方も違います。

たとえば、物事を見るときに、多面的に見ます。だから、ちょっとしたことで動揺することはないし、新しいことに対して好奇心を持って、向かうことができます。同時に、いろいろな可能性に対してオープンなので、自由に生きることができます。

そして、最後に、行動です。運のいい人は、人生は、思い出でできているということを知っています。だから、行動することに喜びを見いだしています。毎日が楽しいことでいっぱいなので、気がついたら、体が動いているのです。

だから、やりたいんだけど、動けないということはありません。

いろいろな考え方に触れたあなたは、やりたいことを思いつくかもしれません。前から気になっていたことがあれば、これを機会にぜひスタートしてください。

この本には、49の言葉がありますが、それぞれの言葉は、新しい世界への扉でもあります。扉を開くたびに、新しい可能性が開いていきます。

ご一緒に、魔法の言葉の扉を一つずつ、開いていきましょう。

本田　健

強運を
味方につける
49の言葉

目次

本文デザイン　萩原弦一郎（デジカル）

強運を
味方につける
49の言葉

1

「感謝できる人」に、運は集まる。

一流の経営者何人かと話していて、「どういう人を引き立てたいか」という話題になったことがあります。そのとき、「ささいなことに感謝ができる人間」を挙げる人が結構いました。

部下、取引先、お客さんに感謝できる人は、まわりから好かれます。ふだんから、ねぎらいの言葉をかけてもらったり、感謝された人たちは、なんかあったら、「この人のために頑張ろう」という気持ちになるでしょう。なので、上手に感謝できる人は、自然とまわりから慕《した》われるようになります。

逆に、感謝が足りない人は、みすみす運を逃してしまっているとも言えます。

感謝できない人は、まわりの人の親切や気配りが見えません。してもらったことに気づかないか、すぐに忘れてしまうからです。

ちょっとした親切を忘れず、折に触れて感謝することができたら、きっと、相手も、もっと応援してあげたいという気分になるはずです。それなのに、自らそれを切り捨ててしまうのですから、もったいない話ではないでしょうか。

先輩のところに、社会人になったばかりの後輩二人が訪ねてきたとしましょう。気前のいい先輩は、就職祝いとして、二人に同じ万年筆をプレゼントします。一人は、翌日にお礼の手紙を出し、その後も先輩と会うたびに、万年筆を見せて「大事に使っています」と嬉しそうに感謝の言葉を伝えます。もう一人は、その日にお礼を言っただけで終わっていたとしたらどうでしょう。

ちょうど、そのとき、さきほどの先輩に、仕事の知り合いから「あなたのまわりで、どなたか優秀な方をご紹介いただけませんか」と言われたら、間違いなく、最初の後輩を推薦するのではないでしょうか。

そうやって、恩を忘れない人の評価は上がっていきます。

かつて私は、メンターから言われたことがあります。

「受けた恩を忘れないというだけで、ある程度の成功はできる」

また、感謝することは、能力が低くてもできることなのだから、どれほどやっても損はないのだと教えてもらいました。

逆に、能力はあるのに成功できない人は、もしかすると、ふだん感謝ができていなかったり、まわりの人に配慮が足りないのかもしれません。

事業をやっていく過程で、いろいろな人の力を借りているはずなのに、その恩を忘れてしまった可能性があるのです。

あなたは、ふだん、どれくらいまわりの人に感謝を表現していますか。「ありがとう」という言葉を一日何回ぐらい発しているでしょうか。

あなたの「ありがとう」が多ければ多いほど、あなたに好意を持ってくれる人も増えます。

何十億人という世界にいる人のうち、一生を通して親しくなる人は、ほんの数百人です。この奇跡的な縁に感謝できれば、自然と「ありがたいなぁ」という気持ちが湧いてくるのではないでしょうか。

「ありがとう」を日常生活に増やしましょう。

感謝は、高潔な魂の証である。

――イソップ（ギリシャの寓話作家）

2

運のいい人は、お礼状も早い。

私は、自著の新刊が出版されるたびに、お世話になった人や、新しく知り合った人に送るようにしていますが、おもしろいことに気づきました。

それは、献本に対する反応の速さや丁寧さが、その人の成功度合いと、正比例していることです。

私が本を送った中で、おそらくもっとも忙しい人たちが、感想を添えた手書きのお礼状をすぐに返してくれます。お返しのちょっとしたプレゼントが入っていることもあります。

次に、ある程度成功を収めている人たちが、メールで感謝と感想を伝えてくれます。どこがおもしろかったかなど、数行の感想が入っています。

普通の人たちからは、「ありがとうございました」のメールは送られてくるものの、とくに感想らしきものはなく、文面も定型文で、おもしろみがありません。

あまりうまくいっていない人からは、まったくの無反応です。

こうした反応は、きっと私に対してだけではないはずです。私に手書きのお礼状を出してくれる人は、ほかの人たちにもしているでしょうし、メール一つ書かない人は、ほかの人たちにもしていないと思います。

成功している人たちが、毎日たくさんのお礼状を書いているのを見ると、「忙しいからできない」という言い訳は、するだけこちらが恥ずかしくなります。

そうは言われても、なかなかできないなぁと感じるかもしれませんが、こういったことを自然にできるかどうかが、成功の分かれ道なのでしょう。

日々の小さなことに関して、どんどんお礼状を書いてみましょう。

お礼状を書くのに、達筆である必要はありません。私のところへ届くお礼状も、解読するのに少し時間がかかるような字で書かれていることもあります。だからこそ、「わざわざ本人が書いてくれた」と感激もひとしおです。

なかなかお礼状を書けないでいる人は、「字が下手だから恥ずかしい」とか「なにか立派なことを書かなくちゃ」と思っているうちに時間が過ぎてしまっているのではないでしょうか。

でも、そんなことをしていると、運も逃してしまいます。

お礼状は、数分で、パッと書いてしまうことです。

通り一遍の感謝の言葉だけでなく、感想を一言添える。

字は下手でもいいから、心を込めて丁寧に書けばいいのです。

カバンにお礼状セットを入れておいて、電車待ちの間に、書けばいいのです。

私は、運転手付きの車で移動している人の車のシートのポケットに、お礼状セットが入っているのを見たことがあります。ちょっとした待ち時間にお礼の葉書を書く習慣を身につけた人には、応援団が増えていきます。

物をいただいたときだけでなく、忙しい人に時間を割いて会ってもらったり、アドバイスを受けたときなど、ぜひ、手書きのお礼状を出してみてください。

その日から、確実にあなたの運は開けていくはずです。


お礼や謝罪は朝一番で。

――松本幸夫（ビジネス書作家）

3

運のいい人は、自分の未来を予言する。

あなたは、自分の未来の姿をどのようにイメージしていますか？

たとえば十年後、あなたはどうなっているでしょうか？

たいていの人は、あまり華々しい予測はできないのではないでしょうか。

というのも、現在の延長線上に、自分の未来をとらえているからです。

今、たいした成功をしていない人は、バラ色の未来は描けないのです。


自分の十年後について、ある男性はこう言いました。

「子どもの頃は普通だったし、中学校でもたいして目立つことはなかった。今も普通のサラリーマンだから、十年後もただ年をとっているだけの気がする」

これではちょっと寂しいと思いませんか。

どんな人でも、すばらしい人との出会いをきっかけに、人生が劇的に変わることがあります。成功した人はみな、「あの瞬間に自分は大きく変わった」というターニングポイントを持っています。

だから、ふとしたことがきっかけで、あなたの未来も今とはまったく違うものになることは十分にありえます。
そのためには、いろいろな可能性にオープンになることです。
ウソっぽく感じるかもしれませんが、いちど最高の未来を描いてみましょう。

起業して成功し、自分の望むライフスタイルを手に入れる。
料理研究家として活躍し、自分のレストランをオープンする。
コンサルタントとして独立して、全国を講演して回る。
新しいタイプの介護施設を作り、お年寄りを笑顔にする。
ベストセラー作家になって、多くの人を楽しませる。
ミュージシャンとして、ヒット曲を作る。

どんなことでもいいのです。
誰かに「そんなの無理だよ」と言われても気にすることはありません。
「あなたがどうなりたいか」がすべてなのですから。

十年後に、起業して成功していたいというなら、逆算して今何をすればいいかを考えてみましょう。資金、人脈、経営計画などさまざまな事案について、十年分の予定表を用意し、「成功した時点」から逆算するのです。

そして、そのルートを逆に辿《たど》っていけば、そのとおりになる可能性が大です。

逆算計画を具体的に描ければ、チャンスに敏感になってくることでしょう。


あなたは、どんな未来でも作り出すことができます。

必要なことを一つずつやっていけば、たいていのことは、実現可能です。

あなたさえ、諦めなければ。

あなたは、どんな未来を作りたいですか？


未来を予測する最高の方法は、自らそれを作り出すことである。

――アラン・ケイ（アメリカの計算機科学者）

4

直感で動くと、運気も動く。

人生は「選択の連続」だとよく言われます。

どの高校に行ったらいいか。

どの大学がいいのか。

どの企業に入れば安泰か。

今、結婚すべきか、それとももう少し待つべきか。

転職しようか、この会社にいたほうがいいのか。

ずっと借家でいいか、家を買うべきか。


私たちは、大小さまざまなことで常に迷いながらも、選んでいるのです。

こうした選択において、大事なのは直感です。「本当にこっちでいいのか」など、グズグズ悩んでいるうちに運は逃げてしまいます。

どんなことでも、さっと直感で選んでみましょう。

なぜなら、どちらを選んでもいいからです。

私の大学時代、先輩が二つの大手銀行から誘いを受け、大いに悩んでいました。一つは給料がよくて、もう一つは福利厚生がいい。「いったい、どっちを選んだら正解だと思う?」と、いろいろな人に意見を求めていました。

私も一晩つきあわされ、二つの会社案内を前に、どちらがいいか、延々と説明を受けました。それでも、その先輩は、なかなか決められず、また次のかわいそうな被害者をつかまえては、同じことを聞いていました。

このエピソードにはおもしろいオチがあって、数年後に、新聞の朝刊を見て、私は、「あっ!」と叫んでしまいました。なんと、先輩が悩んでいた二つの銀行が合併するというニュースでした。あれだけ悩む必要はなかったというわけです。

自分の直感で選んだことに、正しいも間違いもありません。なぜなら、多くの場合、どちらが正解だったかは検証不可能だからです。

だから、どうするか悩むかわりに、選んだことを正解にすればいいのです。

たとえば、結婚するときに「本当にこの人でいいだろうか」と悩む人はいると思います。

そのときに、「いや、やめたほうがいいような気がする」というのも、「大丈夫。この人でいいはずだ」というのも、どちらも正しいのです。

重要なのは、自分の直感で決めたら、あとはそれを信じてみることです。

それを、「あのとき、あの人と結婚しておけばよかったかなぁ」「やっぱり、この人よりいい人がいたかも」などと、自分の直感を否定することばかり考えていると、迷いが迷いを呼び、運気は落ちていきます。

人のアドバイスに耳を傾けることは大事です。しかし、人の意見を聞きすぎて自分で判断できずにいると、相当な時間をロスしてしまいます。

直感でどんどん決めていく人は、そのロスを最小限に抑えることができます。

もっと自分の直感を信じて、行動してみましょう。

もっとも大事なことは、自分の心に、自分の直感についていく勇気を持つことだ。

——スティーブ・ジョブズ（アップル創業者）

5

きれいに負けると運気はアップする。

人は誰かと口論になると、「自分が正しいことを証明しよう」と考えがちです。

お互いに、「間違っているのはそっち。だから言うことを聞くべきだ」というスタンスを譲らなくなってしまうのです。そして、相手の言葉尻をとらえてあれこれ指摘し、さらに距離が遠くなります。

そこまで「相手にわからせよう」とムキになるのは、自分の正しさを証明したいだけではなく、わかってもらいたいという気持ちが強すぎるからです。

あなたを不愉快にさせた相手が、さほど親しくない人なら、それほど執着もしないのではないでしょうか。

たとえば、初めて入ったカフェの店員に多少「カチン」とくる対応をされても、「イヤだなぁ。でも、まあいいか」と思えるのではないでしょうか。

また、仕事では理性を働かせられるので、そこまでトラブルにはなりません。

ところが、夫婦、親子、親友など、「自分の気持ちが伝わって当然」「自分のことは、わかってもらえるはずだ」と思っている相手が、そうではない態度をとるとき、理性は吹き飛びます。

子どもたちが独立したある夫婦は、ケンカばかりしています。

妻がいれた紅茶について「少し濃すぎるんじゃないか」と夫が言ったとか、夫が畳んだ洗濯物を妻が畳み直したとか、些細《ささい》なことが原因です。

知り合ったばかりの頃だったら、「この紅茶、美味しいね」「洗濯物、畳んでくれてありがとう」と感謝したところが、今はお互いにそれができなくなっているのです。

「こんなに濃い紅茶をいれるお前がおかしい」

「こんな変な畳み方をするあなたがおかしい」

こう指摘して「正しいのは自分のほうだ」と主張し合っているわけです。

でも、そんなことを言い合っていると、二人の間にある、ロマンスの炎は消えてしまいます。

「そうか。この茶葉なら、かえって濃いほうが美味しいのかもしれないね」

「あら面白い畳み方。でも、このほうがしまうのに便利かもね。助かるわ」

こうやって上手に負けてみれば、相手も気分良くいてくれるし、「もっと何かしてあげよう」という気持ちになります。

あなたが負けることで、「二人とも勝つ」ことができるのです。

なんとしても自分の考えをわからせようとして、自分の意見をごり押しするだけでは、愛は通い合わないのです。

上手に負けるのは、相手に対して愛を持っているからできることです。

自分のエゴを捨てて、相手を立てられる人に運はついてきます。

「愛を持って上手に負ける」

負けたくないと思ったときに、思い出してください。


人が天から心を授かっているのは、人を愛するためである。

——ボワロー（フランスの詩人、批評家）

6

運気は、移動距離に比例する。

運は、動きのあるところに発生します。

流行《はや》っているショッピングセンター、できたばかりのホテルのロビーには、人がいっぱいやってきます。

そういうところに、賑やかなエネルギーが発生します。

逆を考えればわかりますが、人通りのないシャッターが降りた商店街、さびれた温泉街などには、運気は流れていません。

そういう意味では、運気は、動きに比例すると言えるでしょう。

私は、いろいろな人と会いますが、趣味の話などをしていてわかるのは、イキイキとしていい運気を発している人は総じて旅行好きだということです。

「先月は沖縄でダイビングをしてきました」

「今年の夏休みは、ぜひイタリアを周遊したいと考えています」

「日本百名山を全部登るのが目標です」

彼らは、仕事を一生懸命しながらも、旅行のための時間を作り出しています。

旅に出ると自分の価値観を根底からひっくり返されるような体験や出会いがあり、不思議なシンクロニシティも起こります。

運のいい人ほど、時間を見つけて、旅に出ています。できれば、年に三〜四回は、仕事とはまったく関係のない旅行計画を立てるといいでしょう。


移動することで「気」が動きます。このとき、遠くへ移動すればするほど大きく気が動くので、あなた自身も活性化して運がよくなります。

新幹線のホームや空港のゲート周辺には、なんとも言えない華やかな空気がありますが、これは、速いスピードで長距離移動してきた人たちが持ってきた気に加えて、これから長距離移動しようという人の「ワクワク」も加わっているからでしょう。

仕事や家事に没頭するのは悪いことではありません。しかし、一カ所にばかり留まっていると、気が動かなくなってしまいます。

一生懸命やっているうちに、うつ状態に陥ったりするのは、同じ場所にばかりいることによって、気の流れが悪くなっているからです。

楽しいことも挟まないと、自分の気分がアップしなくなります。

成功している人は、ほぼ毎週のように、結構な距離を移動しています。

そのワクワク感を持ったまま、プロジェクトを進めるので、その雰囲気がまわりにも伝わってきます。

運を高める簡単な方法は、移動することです。気が停滞した人でも、時速一〇〇キロ以上で移動すると、少し元気になります。

新幹線、飛行機、高速道路での移動をするだけで、ちょっと気分は変わります。

特急電車に乗って、日帰りでどこかに行くだけでも違います。

なんとなく、最近、停滞気味だなという人には、おすすめの方法です。


行動のみが、人生に力と喜びと目的をもたらす。

——オグ・マンディーノ（アメリカの自己啓発書作家）

7

運のいいメンターにつく。

どんな成功も、ゼロからたった一人で成し遂げることはできません。

あなたを応援したり、引っ張り上げてくれる人がいるから成功できるのです。

それが、メンターです。メンターとは、人生を導く師、恩人という意味です。

あなたには、メンターと思えるような人が誰かいますか？

どんな基準で、メンターを選んでいるでしょうか？

人柄が尊敬できる。

生き方がかっこいい。

幅広い人脈を持っている。

教養が高い。

基準には、いろいろあるでしょうが、押さえておきたいのが「運のいいメンター」を選ぶということです。

たとえば、あなたが作家を目指していて、メンターを探しているとしましょう。そのとき、とてもすばらしい文章が書けて、知識豊富な作家がいても、その人の本が、ある程度売れていなければ、メンターには不向きです。

なぜかというと、その作家の周囲では、「今の時代、出版は厳しいよね」という雰囲気ができあがっている可能性が高いからです。そういったところに身を置けば、「本は売れない」という観念が知らない間に身についてしまいます。

一方、ベストセラー作家のそばにいれば、「また重版がかかりました」「早くも〇万部ですよ」と言う声を聞くことになります。それによってあなたは、「本は売れるものだ」という観念を持つことになります。

これは、音楽業界でも、外食産業でも、どんな世界でも同じでしょう。

ある男性は、勤めていた会社が倒産しました。しかし社長が「新しく会社を興し出直す」というので、一緒に頑張ることにしました。でも、うまくいかずに給料の支払いが遅れるようになりました。

この男性に必要なのは、一度、社長から離れることです。ついていない人の下で動いていると、自分も運に見放されてしまうからです。

「長くお世話になった社長に恩を返したい」というのであればなおさら、自分自身が成功しなければなりません。そのためにも、運のいいメンターについて、人生をやりなおしたほうがいいでしょう。

あなたのメンターが運のいい人だと、その運にひっぱられて、あなたも運がよくなります。職業的な運の良さは、一生の間、あなたの成功を支えることになります。

たとえば、十代に、一流の料亭で修業した人は、一流の気を持っているので、数々の名店をわたり歩いて、ますます充実した空気感で仕事をしていきます。

あなたが、どういうメンターから学ぶのかということは、とても大切です。

ぜひ、運のいい人についていきましょう。

二人のうち一人を雇おうとする場合、学力、人格に甲乙つけがたいときは、運の強い人を選びますな。

——松下幸之助（パナソニック創業者）

8

「悲しい過去」を「運のいい過去」に変える。

どんな人にも、暗く悲しい過去はあります。

子どもの頃、ずっと病気がちだった。
家庭の事情で大学に行けなかった。
仕事で失敗して左遷《させん》された。
信じていた夫（妻）に浮気された。

忘れたくても忘れられず、いつまでも重く心に引っかかっているような出来事は誰にでもあるものです。過去に起きたことをひきずったまま、自分に自信が持てない人もいるでしょう。

私たちは、過去を変えることはできないけれど、過去に起きたことに対する解釈を変えることはできます。

世界的な企業であるパナソニックを創業した松下幸之助は、「あなたの成功の理由は？」と聞かれて、「それには三つの要素があった」と答えたそうです。

それは、病気がちだったこと、貧乏だったこと、学歴がなかったこと。

普通、この三つは、どちらかというと、人生がうまくいかない理由です。

しかし、松下さんは、この三つのおかげで成功できたと言うのです。

たとえば、病気がちだったので、人にお願いするしかなかったと言います。

それが、日本で初めての事業部制を生み、松下電器大躍進の基礎を作ります。

また、貧乏だったので、少々のことではへこたれないだけの人間になりました。

そして、学歴がなかったので、学ぶ姿勢を一生持ち続けられたと言うのです。

こうしてみれば、たしかに、一見すると不利に見える条件が、成功の条件に見えてくるから不思議です。

同じように、私たちの過去に起きたことで、一時的には不幸なことも、後々の幸せにつながっている可能性があります。

父親、母親にきつくしつけられたことや、好きな人にふられたという過去を変えることはできません。でも、その過去に対する自分の捉え方は、自由自在に変えることができます。

「あの体験があったから、自分は未だに自信が持てない」という捉え方から、「あの体験のおかげで、自分は強く生きることができる」という解釈に変えられます。

また、あのときにふられたから、女磨きに精を出して、素敵な男性と結婚できたのかもしれません。両親とのあつれきがあったから、自分が子育てをするときに、本当に大切にしたいものが見えたということもあるでしょう。

こうして、自分の過去に折り合いをつけていくのです。

苦しい過去の中に幸せの種を見つけた人は、その瞬間から人生を幸せの視点から見られるようになります。

運のいい人は、「悲しい過去」を「運のいい過去」に変える力があるのです。

人間には、不幸か、貧乏か、病気が必要だ。でないと、人間はすぐに思い上がる。

——イワン・ツルゲーネフ（ロシアの小説家）

9

幸せにした人の数が
多い人ほど、運はよくなる。

ある有名な歌手の言葉です。

「誰でも最初は自分のために歌います。でも、あるときから、人のためだけに歌うようになる。それが一流とそうでない人の違いです」

これは、歌手に限らず、どんな職業についても言えるのではないでしょうか。

たとえば、営業だとどうでしょう。

最初は「お金を稼ぎたい」と思って、自分のために頑張って営業すると思いますが、一流の営業マンになればなるほど「目の前のお客さんのために、どうやって貢献できるか」を考えて動くようになります。

彼らは、お客さんが幸せになるために、何が必要かを考えて、商品をすすめます。必要ないものを決して押し売りしたりはしません。

するとお客さんは、「この人から商品を買ったらいいことがあった」と思えるので、またその人から買おうとします。こうして、一流の営業マンは結果的にどんどん収入が上がっていくのです。

つまり、人の幸せに貢献できる人ほど、運が味方をしてくれるのです。

このメカニズムは、どんな仕事にも働いています。

たとえば、ミュージシャンは、自分の音楽を分かち合うことで生活しています。

その数が、一〇〇人だと趣味にしかなりません。それが、一万人、一〇万人、一〇〇万の人がCDを買ってくれるようになると、莫大な収入になるのです。

最近では、ユーチューブで、動画をアップする人がたくさんいます。それ自体は無料ですが、なかには、自分のアップした動画が何百万回も再生されるような人気のある人がいて、彼らには広告の話や企業のアドバイザーになってくれという依頼が来たりするようです。

つまり、自分が喜ばせた人の数が多ければ多いほど、結果的に収入もそれに比例して多くなるようにできているのです。

サラリーマンやOLの人は、自分の会社の課の人のために、サポート業務をしているかもしれません。喜ばせている相手が、数人だと収入もそれに応じたものになります。

自営業をやっていても、お客さんが、数十人から数百人だと、普通の収入しか稼げないでしょう。でも、その数が、千人単位になってくると、収入も桁がひと桁多くなります。

あなたは、どれくらいの人を喜ばせていますか？

仕事をするとき、「どうやったら、もっと多くの人に貢献できるだろう？」と考えるクセをつけると、いろいろなアイデアが出てきます。

ネットを使ってもっと告知することを思いついたり、お客さんの数を増やす方法を何通りも考えられるかもしれません。

「人を応援したい、もっと喜ばせたい！」という気持ちで仕事をしていると、まわりに運のいい人、すばらしい人が集まってきます。運のいい人は、人を助けてあげようとするから、類は友を呼ぶ法則で、自然と引き寄せるのです。

尽くすということを誠実に試みる若者には、世界も、また彼に尽くすことを忘れない。

――ジョン・ワナメーカー（アメリカの経営者、政治家）

10

「ご馳走する」だけで、運はよくなる。

私は、誰かに食事をご馳走するのが大好きです。会話と料理の両方を堪能しながら、いつも楽しい時間を過ごしています。また、相手の幸せそうな様子を見ると、こちらもとても幸せな気分になります。

私がこういうことをするようになったのは、若い頃の体験が影響しています。

学生時代、友人と一緒に、ちょっと背伸びして高級なレストランに行ったことがあります。そこで、隣席にいた素敵な紳士と知り合い、少しお話をさせてもらいました。若い私たちを包み込んでくれるような雰囲気の人でした。

その紳士は先に帰り、食事を終えた私たちは店の人に、ドキドキしながら会計をお願いしました。すると、「お隣にいらしたお客様から、皆様の分もいただいております」と言われたのです。

名前さえ告げずに、そんなに粋なことをする紳士に、私はしびれました。

「なんてかっこいいんだろう」

それ以来、私は「自分もそうなりたい」と願ってきました。だから、人にご馳走できるということは、私にとってとても幸せなことなのです。

人にご馳走すると運気が上がる。このことを肌で実感している私は、友人たちにもすすめているのですが、人にご馳走するのは案外難しいのです。

たとえば、目上の人に対しては、失礼になってしまうかもしれないし、男性が女性にご馳走しようとしたら、下心があるように思われるかもしれません。

また、忙しい中、ご飯に誘ってOKをもらうためには、一緒に時間を過ごしても、価値がある、あるいは楽しい人間だと思われる必要があります。

誰も変な人と一緒にご飯を食べたいとは思わないからです。

誘い方にも気をつけないと変に思われるし、少々工夫が必要になってきます。気軽に誘うのが苦手な場合は、何かのプロジェクトにしてみましょう。

私の友人に、「千人ランチ」を主催した人がいます。

毎回数人ずつ、ランチをのべ一〇〇〇人にご馳走したのです。一年かけて何百回もしたのですが、たくさんの人に喜ばれたそうです。

一〇〇人ランチの彼の場合、そのプロジェクトをきっかけに、サポートしてくれる人が続々と現れて、人の輪が大きく広がったそうです。

ランチ代はずいぶんな支出だったと思いますが、それ以上のものを彼は得ることができたのではないでしょうか。

あなたも、「一〇〇人にランチをご馳走してみたらどうなるかなと思って、今、やっているので、いらっしゃいませんか？」

という感じで、知り合いを誘ってみてはどうでしょう。

人にご馳走するときは、「あの人なら見返りをくれるだろう」などとせこいことは考えず、「何人か集まって！」と声をかけるくらいの器量を持ったほうが、ずっとスマートで楽しくなるでしょう。

だれかを食事に招くということは、その人が自分の家にいる間じゅうその幸福を引き受けるということである。

――ブリア・サヴァラン（フランスの法律家、政治家）

11

楽しいプレゼントは、波紋を広げながら、みんなを幸せにする。

世の中には、人にプレゼントをするのが大好きで、いつも誰かに何かをあげている人がいます。

私もその一人ですが、「なぜ？」と聞かれたら、「人が喜ぶ姿を見て自分も幸せな気分になるから」としか答えようがありません。

しばらく前になりますが、私の娘が通っていた長野の幼稚園がりんご農家でもあった関係で美味しいりんごを手に入れることができ、お歳暮のシーズンに、三〇箱ほど、友人、知人に送ったことがありました。もぎたてのりんごを直送してくれたので、箱を開けた途端、なんともいえないりんごのいい香りがするくらい新鮮でした。

りんごの箱が着いた直後から、お礼のメールが来て、携帯が鳴り止まないほど、みなさんに喜んでもらいました。

それから数日後、自宅のチャイムが鳴り、宅配便のおじさんが大きな箱をいくつか持ってやってきました。送ったりんごが送り返されたのかなぁと思って、ラベルを見ると、「みかん」と書いてありました。

送り主の欄を見ると、りんごを送ってあげた友人の名前がありました。示し合わせたように来た、数箱分のみかんを目の前にして、嬉しい気持ちになりました。同時に、このままではみかんが悪くなってしまうと焦りました。考えたあげく、ひと箱の半分のみかんは、うちでいただくことにして、もう半分は、袋に小分けして、妻と娘と一緒に、ご挨拶がてら近所の人たちに配りました。もうひと箱は、別の友人にそのまま転送しました。

ほっとしたのも束の間、次の日から、みかんの箱が次々に届き始めました。さすがにもう一度、ご近所さんにみかんを持って行くのは、ちょっとおかしいし、途方に暮れました。でも、このまま置いておいても悪くなるだけなので、送り主には申しわけないのですが、気持ちだけいただいて、あとは、友人たちに転送することにしました。

この前後一週間、宅配便の伝票を書きすぎて、手が痛くなったほどです。

この話は、これでは終わりません。

その後、また数日で、宅配便のおじさんがニヤニヤしてやって来ました。

もちろん、大きな箱を何箱も抱えて！

いったい、何が入っていたと思いますか？

真っ赤なりんごです！

それから、りんごを友人に転送しては、またお礼の別の物が届き……、という感じで、しばらくお礼状と宅配便の伝票を書くので忙しくなりました。

たくさんのお礼状を送り主からだけでなく、そこのスタッフの方からもいただくようになりました。

友人のオフィスに行くと、私が送ったりんごが思わぬ波及効果を及ぼしているという話を聞いて、びっくりしました。そこのスタッフが、りんごを食べてあまりにも美味しかったので、遠くに住むお母さんにも送ってあげたそうです。すると、お母さんから娘にプレゼントが送られてきて、二人の仲が急速によくなったと言って、感謝されました。

もともとは、りんご農家でいただいたりんごがあまりにも美味しかったので、興奮して、ぜひ友人たちにも食べてもらいたいと思って送り始めたのがきっかけでした。そのちょっとしたことが、次々に幸せを広げていったのです。

ささやかなプレゼントですが、上手に渡すと、喜びの波紋が人づてに広がっていくのです。その楽しさは、格別です。

何かをあげるとき、実は、それは自分自身に与えているとも言えます。プレゼントすると、もらった人も楽しいし、自分も楽しいわけですから、ある意味では、自分に与えているのと一緒です。

そう考えれば、自分が受け取りたいと思うモノを与えることが、楽しく幸せな人生の秘訣だということがわかってくるでしょう。

愛が欲しければ、愛を与えればいい、友情が欲しければ、友情を与えればいいのです。誰かに優しくすれば、その優しさは回り回って、あなたに戻ってきます。

同じように、お金をあげたり、お金を儲けるチャンスをあげれば、あなたに、感謝やビジネスチャンスとして、返ってきます。

自分が欲しいものをどんどんあげてみましょう。お金、愛情、友情、モノをあげてみて、何が戻ってくるか、実験してみるとおもしろいと思います。

この世界の「与えるものは、与えられる」法則を体感してください。

おもしろそうだと思ったら、あなたも何かをプレゼントし始めてください。

きっと、思いもしない形になって、感謝や好意というお返しが返ってきます。

プレゼントをくれた人のことを悪く言う人はいません。それがあなたに、人脈運となって戻ってきます。

ところで、さきほどのご近所さんが、数日後、何を持ってきたと思いますか？

袋いっぱいのりんごでした！

プレゼントをきっかけに、楽しいつきあいも始まったのです。

他者を幸福にすることが、一番たしかな幸福である。

——フレデリック・アミエル（スイスの哲学者）

12

「運」を誰かにあげる。

運にはおもしろい性質があって、お金と似ているところがあります。

運は、貯めることも、誰かに貸したりあげたりすることもできるのです。

お金の場合は、貯めても使えば減るのですが、運を人にあげたからといって、その人の運が減ってしまうわけではありません。それどころか、あげた運は、将来、時間差はありますが、二倍にも三倍にもなって返ってきます。運は、自分だけで抱え込まず、人とやりとりすることでどんどん大きくなっていくのです。

では、運を人にあげる、貸すとはどういうことでしょう?

難しく考えることはありません。あなたにできる範囲のことを誰かにしてあげる。それだけのことです。

たとえば、人を紹介してあげることは、あなたの信用を貸すことであり、運を貸すことそのものです。

恋人募集中の人に、あなたの友人を紹介する。

社員募集中の経営者に、あなたの後輩を紹介する。

このとき、あなたは一円も使わなかったとしても、「あなたの紹介なら信用しよう」と思ってもらったわけで、あなたの信用を貸していることになります。

そして、その紹介がうまくいったなら、あなたは双方からとても感謝してもらえるでしょう。それが、あなたにさらに大きな運を運んできます。

もっと小さなことでも、できることはたくさんあります。

自分が読んで感動した本を教えてあげる。

仕事が早く終わったときには、同僚の手助けをしてあげる。

友人の事業がうまくいくように祈ってあげる。

どんな小さなことでも、「誰かのために何かをすること」は、あなたの運を増やすことはあっても減らすことはありません。

さきほど、あげた運が、時間差をともなって返ってくるという話をしましたが、世代を超えるということもあります。

私が聞いた話ですが、ある優秀な経営者の孫の話です。彼は、三代目で、優秀だったのですが、景気の波のせいで引き継いだ会社を倒産させてしまったそうです。大きな家から小さなアパートに引っ越しました。

あるとき、知らないおじいさんがやってきて、すき焼きのセットを差し入れてくれました。話を聞くと、創業者にずいぶんお世話になって、自分も実業の世界に身を置くようになったとのこと。

「ささやかな恩返しに来ました。商売にはいろいろありますから、元気を出してください」と言って、帰ったそうです。

大喜びですき焼きを食べていると、袋の下から、小切手が出てきて、なんとそれは家が一軒建つ分ぐらいだったそうです。創業者の運が、そういう形で返ってきたわけです。

我々は、他人に幸福を分け与えることにより、それと正比例して、自分の幸福を増加させるのだ。

――ジェレミー・ベンサム（イギリスの経済学者）

13

「チャンス」に投資できる人は、運をつかむ。

多くの人は「チャンスが来たら取り組めばいい」と考えていますが、チャンスは私たちよりもずっと早足なので、それでは間に合いません。チャンスさえつかむことができれば、お金は、後からでもなんとかなります。この順番を間違えないで、押さえておく人が成功できます。

私たちの人生には、次元を超えてステップアップするチャンスが幾度かあります。ただ、しっかり準備をしていないと、それをつかむことができません。

ある成功した起業家は、会社に勤めている頃から準備を怠らないことで、チャンスをつかんできました。

彼は、上司から「○○について調べてくれないか?」と頼まれたときに、たいてい「もう調べてあります」と書類を出すことができました。

上司たちの何気ない会話などから、今後どんな新規事業が行われるかをイメージして、「いつ聞かれてもいいように」先回りして調べていたのです。

一方、同僚たちは、どんな優秀な人でも「わかりました。すぐに調べます。期日はいつですか」と答えるのが精一杯。

もう、この時点で運は彼の手元に渡っていると言えます。

このメンタリティーの違いが、十年後、普通のサラリーマンと、上場企業のオーナーになる人の違いを作るのです。

私は学生時代、パスポートとクレジットカードをいつも身につけていました。重要な国際会議の通訳に欠員が出たときなど、私に「明日行けないか？」と打診が入ることがあったからです。

そのとき、「パスポートあったかなぁ、番号がわからない。家に帰って調べてから折り返してもいいですか？」というのでは、その仕事は別の人にいってしまいます。運を逃さないために、私はいつも準備万端でいたわけです。

また、超多忙なメンターからの呼び出しに備えて、ポケットベルや当時はまだ珍しかった携帯電話を持ち歩いていました。

「すごくおもしろい連中がいるから、これから君も来ないか？」

メンターからの電話は、いつも突然です。その電話を受けることができなければ、「おもしろい人たち」に会うことはできません。

ほかの学生は、電話をしてもつながらないのに、私の場合は、つながる率が高いから、先に電話するようになったと言ってもらいました。当時、珍しかった転送機能を使っていたので、つながるはずです。

そうやって出会った、メンターの周辺にいた人のご縁で、その後、どれだけ人生が変わったかわかりません。

携帯電話は、まだ大変高価でしたが、大きなチャンスを逃さないことを考えたら、充分に投資する価値がありました。メンターたちも、学生なのに、そういう姿勢でいた私を可愛がってくれたのだと思います。

卵を割らなければ、オムレツは作れない。

――ヘルマン・ゲーリング（ドイツの政治家、軍人）

14

愛を表現する人に、運の女神は微笑む。

観光地や空港では、同じようなお土産店が何十軒も並んでいたりします。そこで売られているものは、どの店もほとんど変わりません。値段も横並びです。それなのに、なぜか混んでいる店と、人がまばらな店があります。同じものが同じ値段で売られているなら、空いている店に入ったほうが買い物もしやすいように思うのですが、人は混んでいる店に入っていきます。

空港で、待ち時間があるとき、私は、必ず人の流れやお店の人の対応を見るようにしています。

あなたは、なぜ、似たようなお店の売上げが、大きく変わってくるのか、考えたことがありますか？

よく観察していると、繁盛している店には、いい運気が満ちていて、人がそれに呼び込まれるように入っていくことがわかります。

いったん、盛り上がっている感が出たら、次々とお客さんが引き寄せられるように、お店に入っていきます。別にお客さんは、あまり何も考えず、ぶらぶらしているだけでしょうが、それでも自然に足が向かうというところが大事なポイントだと思いました。

では、人を呼び込むいい運気を作り出しているものは、いったい何でしょう。

それはやや大げさに言うと、「愛」と言い換えてもいいかもしれません。

混んでいるお土産店には、愛がいっぱいあるのです。

「大切な人に、このお土産を渡して喜んでもらいたい」

「これ、とっても美味しいから、家族に食べさせてあげてほしいな」

「出張で疲れたでしょうから、これで元気を出して」

「このオモチャは、お子さんに、絶対喜ばれますよ」

決して押し売りではなく、お客さんへの愛があるから、笑顔で接客しているのです。それも、愛想笑いではなく、心からのホスピタリティーがにじみでています。その温かい感じに引き寄せられて、いつの間にかみんなそこに集まってくるのです。

人があまりいない店は、表面的に愛想はよかったとしても、ただ仕事でやっているだけで、ホスピタリティーが欠けているのかもしれません。

愛が向けられる対象は、人ばかりではありません。物や仕事などいろいろあります。いずれにしても、人はたくさんの愛を向けてくれる人が好きです。

道具を大切にする人と、ぞんざいに扱う人。

丁寧な仕上がりを求めて努力を怠らない人と、適当に終わらせる人。

動物を可愛がる人と虐待する人。

でも、本当はみんな、自分の中に溢れる愛をどこかに持っているのだと思います。ただ、それを出せているかどうかの違いでしょう。

「自分から愛する」ことは、気恥ずかしいですが、誰にでもできます。

愛されるのを待っていないで、愛することから始めましょう。

仕事とは、愛を目に見える形に表現することである。

――ハリール・ジブラーン（レバノン出身の詩人、画家）

15

あなたが「大好きなもの」は、運をくれる。

自分の好きなものに囲まれていると、なんとなく楽しくなって、元気になります。反対に、好きではないものと接していると、テンションが下がってきます。これは、物でも人でも、同じではないでしょうか。

私たちは、ふだんから、「好きなもの」を我慢するようになっています。

あるデパートの紳士服売り場で、若い男性がシャツを見ていました。最初はストライプ柄のかっこいいシャツを手に取り、しばらく悩んでいる様子でしたが、結局のところ白い普通のワイシャツを買っていきました。

たぶん、ストライプのシャツが気に入ったものの、会社で着るには派手すぎると思ったのでしょう。

女性の場合も、「これを着たら周囲から何か言われそうだな」と諦めてしまうことがあるはずです。あるいは「このネイルは許されないだろう」とか「このヘアスタイルでは叱られてしまう」と躊躇《ちゆうちよ》することがあるでしょう。

こうして、多くの人は本当に好きではないものを選んでいるのです。

ふだんからこのような我慢を重ねていると、だんだん元気がなくなってきます。たいして好きでもない制服やスーツ、職場のレイアウト、仕事内容、職場の人間関係、あげていくと、どれだけ好きでないものに囲まれているか、びっくりするほどです。

私たちは、楽しくないものと一緒にいると、エネルギー漏れを起こします。一日そういう状態でいると、夕方には、情熱のガソリンタンクは、限りなくゼロに近くなっているかもしれません。

なので、プライベートでは、意識的に好きなものに囲まれる時間が必要です。

人の目に触れる服装や髪型などは好きなようにできなくても、家の中で好きなものに囲まれることは誰でもできるはずです。

家の中は極力、好きなものでいっぱいにしましょう。

インテリア、家具にこだわってください。高価でなくとも自分が大好きな色やデザインの家具を置くようにしてください。

テーブル、椅子、本棚という大きなものから、スプーン、フォークなどの小物まで、気に入っているものばかりを置くと、家に帰るのが楽しみになってきます。家に帰っても、「いいなぁ」と思える瞬間がいくつもあります。

そういう気持ちになるたびに、自分のエネルギーが充電されていることに気づくでしょう。

あなたの身の周りをチェックしてみてください。

それは本当に好きなものですか？

もし、好きでないとしたら、思い切って大好きなものに替えてみましょう。

それは、友人、仕事、家、家具すべてにおいて、やってみましょう。


自分の好きなものが少しあれば、気分がよくなる。

――マリー・ロイド（イギリスの歌手）

16

頼まれごとを一瞬でやる人は、成功する。

私のセミナーに参加してくれた夫婦が、おもしろい話を聞かせてくれました。

結婚して五年になる彼らは、リビングで映画を見ていたそうです。

途中で、トイレに立とうとした妻に夫が言いました。

「そこに落ちているリモコン取ってくれない？」

すると、すでにトイレに向かって歩き始めていた妻は答えました。

「あなたのほうが近いじゃない。自分で拾って」

「そんなことはないよ。君のほうが近いから頼んでいるんじゃないか」

どちらも「相手のほうが近い」と主張して譲りません。

そして、しばらくケンカしたあと、「どちらが近いか」を測ろうと二人でメジャーを取りに行ったそうです。

なかなか見つからないメジャーを探しているうちに、映画はどんどん進んでいきます。さすがに、二人ともそのばからしさに気づきました。

「いやだ、私たち何やっているの？」

二人は大笑いして、仲直りしたそうです。

こうした些細なことが大喧嘩《おおげんか》に発展する可能性も充分に考えられます。場合によっては、離婚にすら発展する可能性もあります。

私が聞いた一番くだらない離婚理由は、「旦那が、歯磨きのチューブのフタをしめないから」というものでした。

もちろん、それが一番大きな理由だとは思いませんが、いろいろ積み重なった上で、最後の決定打になったのでしょう。

二人の愛のかけひきの対象が、フタになっただけのことです。旦那さんは、「フタぐらい何？　愛があれば、フタをしめなくても許される」と考えていたし、奥さんのほうは、「愛があれば、フタを閉めてくれる」と思ったはずです。

そして、お互いに、愛を確認できなかったので、別れたわけです。

パートナーに何かを「やってくれない？」と頼まれたとき、その反応はいくつか考えられます。

「ハイ」と言って、すぐにやる人。

「やっておくよ」と言って、しばらくたってからやる人。

「そのうちやるね」と言って、やらない人。

「やりたくない」と不機嫌になって、喧嘩腰になる人。

この中で、相手から感謝されるのは、「すぐに動く人」だけです。

引き受けたのにやらない人、不機嫌になる人は論外として、一番損なのは、動くのが遅い人です。すぐに動く人と同じ労力を使っているにもかかわらず、遅かったためにたいして感謝されないからです。もしかしたら、断った人と同じくらいの印象しか残せないかもしれません。

マラソンでも、三位で帰ってくる人と、四位で帰ってくる人のタイムにほとんど差はありません。四〇キロ以上、走った距離はまったく同じです。でも、ちょっと遅れただけで、まったく評価は違います。メダルをもらったり、大会の歴史に名前が残る人と、その他大勢ぐらいの差です。

誰かに頼まれたことも同じです。

人は、誰かに何かを頼むとき「急がないでいいよ」とは言うけれど、内心では「早くやってくれたら嬉しいな」と期待しています。必要があるから頼んでいるのですから、早いほど嬉しいことが多いのです。

あなたが、何かをお願いするとき、その人が、やってくれそうかどうか、考えるのではないでしょうか。

そのとき、あからさまにイヤな顔をする人もいれば、仕事だから、家族に頼まれたから、仕方なくやる人もいます。また、すぐに気持ち良くやってくれる人もいます。

あなたは、ふだん、どちらのタイプですか？

お茶を汲《く》む、コピーを取る、ゴミを出す、新聞を取る、電球を換えるなど、面倒くさいことをお願いされることは、誰にもあるでしょう。

そのとき、実は、頼むほうもちょっと申し訳ないな、と思っています。

でも、相手が、イヤな顔ひとつせずに、さっとやってくれたら、どれくらい気持ちがスカッとするでしょう。

それをぜひ、考えてみてください。

あなたが、何かをやってくださいと言われて引き受けたのなら、どのみちやることになります。

そのときに、面倒くさそうな顔をして、相手に「申し訳ないな」と思わせたら、その分損をするのは、あなたです。

いったん引き受けたら、用意ドンで、超特急でやってしまいましょう。

頼んできた相手が、仕事関係者でも家族でも、目上の人でも後輩でも、引き受けたことは、最高スピードでやるのです。

早く動けばそれだけ相手も喜んでくれるし、自分の中の「やらなくちゃ」という負担感も手放せます。

その行動力があなたに大きな運をもたらしてくれるでしょう。

そして、相手の笑顔と感謝も。

愚か者が先延ばしにすることを、賢者はただちに取りかかる。

――バルタザール・グラシアン（スペインの哲学者）

17

「優しい言葉」は、運を運んでくる。

あるビジネスマンがちょっと遅めのランチを終えて会社に戻ってくると、上司が鬼の形相で立っていました。

「さっき○○社から電話があったぞ。お前、今日の一時に訪問の約束をしてたそうじゃないか。忘れたのか！」

どうやら、取引先を訪ねる日程を間違えて、すっぽかしてしまったようです。

彼は、部署中に響き渡る大声で上司から叱責《しっせき》されました。人格を否定されるような言葉をいくつもぶつけられました。

「すみません。今からすぐに行って参ります！」

大慌てで取引先に向かいながら、男性は心がささくれ立っているのを感じました。ミスをしたこと自体に大変なショックを受けているところに、投げかけられたきつい言葉が、男性を立ち直れないほどにしていました。

「この時間じゃ、もう会ってもらえないかもしれないけれど、お詫《わ》びの気持ちだけでも伝えておかなくては……」

当初の約束の時間から、二時間近く遅れて取引先に着くと、担当者が受付まで出迎えてくれました。

「急いで来てくれたんですね。大変だったでしょう。前もって日程を確認しなかったこちらも悪いんです。まだ時間はありますから、二人で案件を片づけてしまいましょう」

一言の文句もなく、温かくねぎらってくれた担当者の態度に、不覚にも涙がこぼれそうになったそうです。

そして、「この仕事は、何があっても誠心誠意やっていこう」と思ったといいます。彼にそう思わせたのは、上司のきつい叱責ではなく、お客さんである担当者の優しい言葉でした。

人は、ときに相手の尊厳を傷つけるようなひどい言葉を使ってしまうことがあります。自分を怒らせた相手を攻撃するために、知っている言葉の中から、わざときついものを選んで使ってしまうのです。それだと、自分はすっきりするかもしれませんが、それによって幸せになる人はいません。

もし、余裕が持てたら、どんな状況にあっても、相手を思いやる優しい言葉を使えるようになりたいものです。

人が一番嬉しいと感じるのは、つらい状況にあるときに、誰かから優しい言葉をかけられることです。だから、優しい言葉を使うことは、人を励ますもっとも親切な行為なのです。

たとえ、叱らなければならない状況であっても、優しい言葉で伝えるほうが相手の心に届くでしょう。

運は、優しい言葉を使える人が好きなのです。

優しい言葉は、たとえ簡単な言葉でも、ずっとずっと心にこだまする。

――マザー・テレサ（カトリックの修道女）

18

一流に触れて、運を体に染みこませる。

日頃から一流に触れている人は、運がよくなります。

美術品や宝石、骨董品《こっとうひん》などの目利きになるためには、「ひたすら本物を見る」ことが重要だと言われています。

本物だけを見続けていれば、あるとき偽物が視界に入ってきたときにぱっとわかるそうです。逆に、偽物をたくさん見ていれば、目がそれに慣れてしまって、本物との違いもわからなくなってしまうそうです。

だから、あなたも、意識的に一流に触れるようにしてみてください。

考えてみれば、どの世界にも、一流から三流まであります。

一流の仕事はとても面倒くさいのに対し、三流の仕事はお手軽です。

たとえば、一流の料理人は丁寧にダシを引いたり、素材に下味をつけたりという地味なことを繰り返します。前菜の小鉢に、手間のかかったものを出したりします。そのすべての工程を見たら、気が遠くなるほどですが、ずっと一流店で働いてきた料理人にとって、それは当たり前のこととなっています。

一方、三流の料理人は化学調味料や、すでに半調理されて、レトルトパックに入っていた食材を活用し、お手軽に料理を作ります。

三流の料理人がそこから抜け出せないのは、「面倒くさいことをしたくない」と思っている料理人に囲まれて育ったからです。もし、一流の先輩たちが面倒くさいことをコツコツ行う姿を見ていたら、自然とそれができたでしょう。

一方で、三流の料理人のレストランに一流のお客が行くことはないでしょう。だから、「化学調味料の味がしてマズイ」と指摘してくれる人は現れません。ふだんのお客さんは、それが当たり前だと思っているので、わからないのです。

彼らが厳しく言ってくれないので、油断して、三流の料理人は、料理を工夫しようとは考えないままです。

逆に、三流のレストランに慣れている人が、一流料亭のお料理を食べたら、なんか味が薄くてパンチがないなぁと思って、醤油をかけるかもしれません。

もし、一流のお客が、三流の料理人が作ったものを食べることがあったらすぐにわかるでしょう。それは、ふだんから一流の料理人の作ったものを食べているので、違和感を持つからです。

運気をアップするためには、ふだんから一流のものや人に触れることです。時間を見つけては、美術館などに通ってみるのもいいでしょう。

一流のホテルや高級ブティックに足を踏み入れてみるのもおすすめです。そこには、洗練された調度品が置かれ、一流の接客がなされています。

高いものだけがいいとは思いませんが、素敵なモノやサービスに触れることで、あなたの中の何かが触発されます。

一流のものは、気持ちがいいのです。その快適さを体に感じましょう。

一流に触れなさい。そうすれば本物がわかるようになる。

――中澤宗幸（ヴァイオリンドクター）

19

運の悪い人は、人の金運、社会運を奪っていく。

学生時代、私はどちらかというと真面目なほうでした。そういう人間にとって、「ちょっと悪いやつ」は魅力的に見えます。自分にはできないことを自由にやっているように見えるからです。

大学時代、一人の遊び人の同級生と親しくなりました。その同級生はギャンブル好きで、社会勉強と称して、私をあちこち連れ回してくれました。

最初の頃こそ、その不良っぽい彼が「かっこいいなぁ」と思い、いろんな盛り場に連れて行ってもらえることが刺激的で、喜んでいました。ですが、彼とのつきあいが深まってくるにつれ、浪費家なところ、女性関係がめちゃくちゃなところ、時間に遅れてくるところが、だんだんイヤになってきました。言葉が暴力的で、人を見下したようなところもあり、なんとなく、自分にも、彼のすさんだ空気が移ってくるような感じがして、ちょっと「マズイな」と感じるようになりました。

ある晩、たばこくさいゲームセンターやバーを何軒かハシゴしているうちに、なけなしの手持ちのお金があっという間になくなったとき、彼が、キャッシューロンのカードを出してきて、「これは、魔法の小槌《こづち》ですよ！　数字を打ち込んだら、すぐに夢はかなう！」と酔っ払って大笑いしていました。

そのとき、私は「これ以上、この人とつきあっていると、自分はダメになる」と思い、しばらくして離れていきました。

数年後、彼は、多重債務と不動産投資の失敗で、破産したと聞きました。

一見派手でかっこよかったけれど、それはごく表面的なところだけだったと気づき、彼と決別できてラッキーでした。

どんなに魅力的に見えても、自分の運気を落とす人とは、明確な境界線を引く必要があります。

それは、恋愛においても同様です。

本来、人は恋をすれば優しい気持ちになり、キラキラした幸せオーラを放つようになります。そして運気もアップします。

でも、ときどき逆の方向へ行く人がいるのです。

真面目で周囲からの信頼が厚かった女性社員が、恋人に貢ぐために会社のお金を使い込んでいたという事件が発覚して、ニュースになることがあります。また、犯罪に手を染めるまでいかなくても、悪い男のためにボロボロになっている女性は結構います。

男性だと、五十代に、危険な恋愛にはまる事例が増えています。少し老いを意識し始め、それでも「まだまだ、俺は若い」と思いたいときに、若い女性と知り合ったりすると、ブレーキがきかず、のめり込んでしまうのです。

このとき、「五十代には、そういうことが起こるらしい」と知っていれば、「来た来た。これか、注意しないとな」と理性が働くでしょう。

ところが、「そんなことは自分には無縁だ」と思っている真面目な人ほど、雷に打たれたように若い愛人にはまって、「彼女しかいない」とのぼせてしまいます。いったん、そうなると、周囲の言うことなどまったく耳に入らなくなって、家庭崩壊を招いたりするのです。

強烈に魅力的な人は、あなたに大きな運を与えるか、運を奪うかのどちらかです。まずいと思ったら、しっかり境界線を引きましょう。

このタイプの人は、巻き込み力が強く、あれよあれよという間に、悪の道にひきずり込まれてしまいます。

あなたも、これまでそういう人と会ったことがあるのではないでしょうか？

そして、ひどい目に遭ったり、不快な体験をしたはずです。

心のどこかでは、「このままだと、よくない、やばいぞ」と危険を感じていたはずです。

でも、ずるずると、相手のペースに乗せられて、気がついたら、抜き差しならないところまで行っていたのではないでしょうか。

犯罪まで行かなかったとしても、借金をすることになってしまったり、友人を失ったりすることは、どんな人でも経験があるはずです。

そのときに、「ああ、なんであんなことをしてしまったんだろう」と、後から何度も悔やんだかもしれません。

つきあっているだけで、運気を落とす人と出会ったときに、気をつけるポイントがあります。たしかに、彼らは、自分が知らない世界を知っていたり、制限的な生き方をしている自分から見れば、自由な感じがするかもしれません。

でも、その自由奔放さの中に、破綻の危険性も潜んでいることを見ておきましょう。

友人関係にしろ、恋愛関係にしろ、「このまま、つきあいを続けていったらどうなるのか」というシミュレーションが必要です。

その結果、「この瞬間は楽しいけれど、いい未来はない」ということが見えたなら、だらだらとつきあうのはやめて、離れていきましょう。

それができずにいると、どんどん運気が下がってしまいます。

運命は、志あるものを導き、志なきものをひきずっていく。

――アンナエウス・セネカ（古代ローマの詩人、哲学者）

20

正論ばかり吐くと、運は逃げていく。

「正論」を辞書で引くと「道理にかなう正しい論理や主張」といった説明がなされています。つまり、「それを言われたら誰も反論できない」のが正論です。

だから、正論を述べた人は、その場の言い争いにはひとまず勝利します。しかし、その後、人からは嫌われて、運気を落としてしまうのです。

「あの人はたしかに正しいですよ」

この言葉の後には、たいてい「でもね」がつきます。

「あの人はたしかに正しいですよ。でもね、人の心がわかってないですよ」

「アイツはたしかに正しい。でもね、偉そうな話し方が鼻につくんだ」

こうした周囲の評価を、正論を述べている本人だけが知らずにいます。

ある企業に、部下をうまく育てられない上司がいました。その上司は、部下を叱るときにひたすら正論を述べるのです。

「これは、明らかに○○君のミスだよね。大丈夫だと言っていたけど、なんで、段取りを最初から考えていなかったのかな？　最初から、考えておけば、絶対にこうはならなかったんだ。どうして、君は何も考えないのかなぁ？」

叱られたほうは反論する余地がないばかりか、小さな言い訳すらも許されないので、息が詰まってしまいます。結果的に、部下が次々と辞めていくため、管理能力が問われ、本人もなかなか出世できずにいるのです。


仕事にかぎらず、友人や夫婦の関係でも、正論は嫌われます。

ある女性が、今朝起きた夫婦ゲンカについて友人に電話をかけて、グチをこぼしました。原因は「電球を取り替えてと頼んだら、すごくイヤな顔をされた」というものでした。「まったく、なんの協力もしてくれないんだから、ひどいと思わない？」と訴える女性に、友人はこう諭《さと》しました。

「それって、朝の出がけでしょう？ 会社に遅刻しないことが先決じゃない。これから働きに出る人にやらせなくても、あなたがやればいいじゃない？」

まさに正論です。でも、そんな指摘をしなくても「そうなの、それは腹が立ったわね」と受け止めてあげることもできたのではないでしょうか。

正論をぶつけられているとき、本人は「そんなことは言われなくてもわかっている」のです。だけど、言ってほしくないことなのです。

そういう意味では、人間関係を壊したかったら、一番手っ取り早い方法は、相手を正論でやりこめることです。

どこがダメかを指摘し、批判して、相手が聞きたくない言葉を投げつければ、間違いなくその関係は悪くなります。

しかし、こういうことをやっていて運がつくことはありません。人間関係の勝ち負けは、理論の勝ち負けではありません。

もし、あなたが誰かに対して正論を吐きそうになったら、「まずい、運が逃げる」とストップをかけて言葉を選び直しましょう。

汝《なんじ》の舌が、汝の思うことより先走らざるごとくせよ。

――キロン（古代ギリシャの哲学者）

21

不幸に慣れてしまうと、不運が居着く。

朝からお酒ばかり飲んで、まったく働かない夫を持つ女性がいます。女性がパートに出て稼いだ生活費さえ、奪って飲みに行くようなひどい夫です。

「あんな人とは別れてしまったほうがいい」

みんなこうアドバイスするのですが、女性はすでに諦めてしまったようなことを言います。

「ううん、別れてもまた、同じことだと思う。これは私の運命だと感じてるの」

そんなことはないのに、不幸に慣れきってしまっているのです。


ある小学生は、先生から「将来何になりたいの」と聞かれて「貧乏人」と答えたそうです。驚いた先生が理由を聞くと「親がそう言った」と言うのです。

どうやら、「うちはずっと貧乏だから、お前も高望みしてはいけない」と親が諭しているらしいのです。

親にしてみれば、「地に足をつけて生きなさい」と言いたかったのかもしれません。しかし、子どもはそれによって、不幸慣れしてしまいます。

不幸に慣れてしまうと、本来つかめるはずの運を呼び込むことができません。

仕事でも、うまくいかないのが基準になると、そこから運が好転しません。

「もう、この業界は斜陽だから」

「今の時代、そんなに儲かりませんよ」

こうして自ら不幸慣れしてしまい、もともと少ない運をもっと減らしているケースが多いのです。

もし、「自分も不幸慣れしているかも」と感じる人がいたら、そこから脱却する必要があります。

そのための確実な方法が、自分を好きになることです。「自分はすばらしい」と思える人は、不幸慣れしている人よりも、いい運をつかむことができます。

では、どういうふうに自分を好きになるのがいいのでしょう。

自分の顔立ちがいいから好きとか、いい結果が残せたから好きだと条件付きで考えるのではなく、「うまくいってもいかなくても好きだ」と愛おしく思うくらいがいいのです。

それが難しいと感じるようなら、自分のおじいちゃんやおばあちゃんの視点に立ってみたらどうでしょう。

おじいちゃんやおばあちゃんにとって、あなたはどんな存在でしょうか。

幼い頃に、死別していたとしても、彼らなら、絶対に可愛く思ってくれるはずです。

そんなあなたが不幸慣れしていたら、とても悲しく感じるのではないでしょうか。一生懸命やっているなら、それがうまくいこうと失敗しようと褒めてくれるのではないでしょうか。そんな感覚を自分に対して持ってあげてください。

自分の周辺にある不幸な空気に、「さよなら」を言いましょう。

それ自体の不幸なんてない。自ら不幸を思うから不幸になるのだ。

――アルツィバーシェフ（ロシアの小説家）

22

バタバタすると、運もバタバタ逃げていく。

「一緒にいて楽しくないのはどんな人か」と聞いたら、男女問わず多いのは「いつも慌ただしくて、人の話を聞かない人」という回答です。

何をしていても、それに集中できずにドタバタ動いたり、気分がソワソワして目が泳いでいるような人は、人に好かれず運もついてきません。

私が数人の若い起業家たちと食事をしたときのことです。みんな若くして成功しているのですが、一人、やけに落ち着かない人がいました。

その人は、スマホをテーブルの上に置いたまま、食事中もたびたびチェックしています。それだけでなく、途中で電話に立ったりして、なかなか食事にも会話にも集中できない様子でした。

おそらく、本人も、落ち着かなかったでしょうし、その人だけがなんとなく浮いていました。あんな様子だと、次の食事会には、呼ばれないでしょう。実際に、その人を連れてきた紹介者が、後で彼のかわりにみんなに謝っていました。慌ただしい当人は、そんなことに、気づきもしないでしょう。

慌ただしい空気を出すと、運気が落ちるんだなぁと、見ていて実感しました。

逆に、どれほど忙しくても、まったく慌ただしさを感じさせない人もいます。彼らは、分刻みのスケジュールで次々と人に会っていても、目の前にいる人としっかり向き合っています。すると、たとえ五分であろうとも、「一緒にいてくれた」という強い印象が相手に残ります。

一流の政治家は、相手に、自分だけ特別に接してもらったと感じさせる技術を持っています。たった数秒アイコンタクトをしただけで、ファンにしてしまうのですから、歌舞伎役者も顔負けと言えるでしょう。

人の気をそらさないという技術は、どの職業にも大切なことです。製品やサービスについて、質問があるのに、なんとなく聞いてもらっていない感じがしたら、やっぱり買うのはやめようかなという気分になるでしょう。

パートナーシップでも、まったく同じことが言えます。アンケートで、「デートのときに、もっともして欲しくないことは？」という質問がありました。その答えのトップは、「ご飯を食べているときに、スマホでメールやメッセージをチェックすること」だそうです。

ふだん、メールを受信したら、すぐにメールを返すクセがある人は、デートの相手と一緒にいても、着信音に反応して、スマホを手に取ってしまうのです。

こういう慌ただしさは、やはりよくないでしょう。

いい運をつかみたければ、どんなに忙しい局面でも慌ただしくならないように振る舞うことです。時間が押しているようなときほど、それを表面に出さず、あえて、ふだんより落ち着いてゆっくり行動してください。

いつの間にか慌ただしく過ごす習慣が身についてしまっていないか、チェックしてみましょう。


慌てるな。目標を見ろ。

――ヘンリー・フォード（フォード・モーター創業者）

23

「ごめんなさい」が上手に言えると、人からも運からも愛される。

ほんの小さな見落としがきっかけで、ときに大問題に発展することがあります。このようなケースでは、たいてい不運のスパイラルが起きています。

クレームを言ってくる人の多くは、「誠心誠意、謝ってもらえば気が済む」ので、わざと文句をつけて相手を困らせようとするクレーマーは少数です。

でも、企業は自分のミスを認めれば賠償金の支払いや、商品回収作業などが生る可能性があります。それを避けるために、謝り方も研究していて、そこには潔《いさぎよ》さが感じられないこともあります。

その不誠実な態度が、顧客側の怒りに油を注ぐ結果となり、裁判沙汰に発展することもあります。裁判で企業に賠償金支払い命令が出たときでも、「私は、お金は一銭もいりません。ただただきちんと謝って欲しかっただけです」と訴える人がいることから、謝罪の大切さがわかるでしょう。

それほど、人は謝って欲しいときに謝ってもらえずにいるのです。

私がいろいろな企業をリサーチした結果では、一年に一度も部下に謝らない上司が結構います。謝ったとしても「ああ、悪いな」くらいのおざなりなもので、部下からしたら、とても納得できるものではないようです。

一年に一度もミスをしない人などいないはずですが、なぜ素直に謝らないかといえば、謝ってしまうと、全面的に自分の非を認める感じがするからです。それによって、信頼や権威を失ってしまうと恐れているのかもしれません。

しかし、全面的に自分の非を認められる人は、その潔さからかえって尊敬を集めます。謝れない人のほうが、はるかに多くの信頼を失います。だから、ミスをしたときには、素直に謝ってしまったほうがいいのです。

とくに、より多くの尊敬を集めることが必要な地位の高い人ほど、謝る回数を増やしたほうが、バランスが取れると思います。

ところが実際には、地位が上がると「自分が謝る必要はない」と勘違いしてしまう人がいます。そして、上司は部下に謝れなくなっていくのです。

夫婦でも、友人同士でも、先輩後輩の関係でも、本当に立派な人は、必要なときには謝ります。相手が目下の人間であろうと、非があったときには、頭を下げて、しっかり謝るのです。彼らは、謝ることは決して、恥ずべきことではないし、いい人間関係にとって、それが大切だとわかっているのでしょう。

きちんと謝ることは、自分自身の気持ちの整理にもなるし、相手との関係修復も適正に行えるので、やらなければならないぐらいに考えています。

ふだんから謝れる人は、こうしたことを体験的に知っていますが、謝るのが苦手な人は、そういう経験がないので、なおさら謝るのが怖くなるのです。

あなたも、謝ることに躊躇《ちゆうちよ》しないでください。

きっと、「ごめんなさい」が助けてくれる。
それは、人の心の柔らかい部分を放出させる、一番簡単な言魂《ことだま》のはず。

——玉岡かおる（小説家）

24

「気配り上手」は、どんな世界でも成功できる。

こんなエピソードを耳にしたことがあります。

都内のレストランに、近所に住む高齢の夫婦がたびたび訪れました。しかし、レストランのフロア係は、その夫婦が苦手でした。ご夫婦のうち、旦那さんがいつも不機嫌そうにしていて、ろくに返事をしてくれないからです。

実はその男性は右耳が不自由でしたが、いつもフロア係が右側から話しかけてくるために、何を言われているのかよくわからず、イライラしていたのです。そのレストランでは、従業員を「メニューの説明や飲み物はお客様の右側から、料理は、左側からサービスするように」と教育していました。

ところが、新しく赴任《ふにん》してきたフロア係は、妻が夫の左耳に向かって話しかけているところを見て、すぐに事情を理解しました。そして、あえてすべてのサービスを左側から行うようにしました。

すると、夫は「君、よくわかったね」と、とても嬉しそうに笑い、それからは、そのフロア係を指名してくれるようになったそうです。

サービス業に従事している人でなくとも、気づかいができる人は、すぐにこういうことがわかります。

たとえば、来客があったとき、あなたが紅茶を出そうとしているお客さんは、右利きか、左利きかを見ていますか？

カップの向きやスプーンの添え方など、マナー本に書かれているのは、あくまで右利きの人を想定したものです。でも、お客様が左手でカップを持ち上げて飲んでいたなら、その人には、逆に置くという気づかいをしたいところです。

こうした気づかいができるかどうかは、いかにその人が状況をしっかりと見ているかです。「快適に過ごせているか」ということを、本当にその人の立場になって考えてみると、やるべきことがパッと見えてきます。

心配りとは、「お客様のグラスの水が減っていたら注ぐ」といった単純なことではありません。

たとえば、「そろそろ食後のお薬を飲みたいのではないか」「今日は寒いから、水よりも白湯《さゆ》がいいのではないか」といったことを、相手の立場で想像してみることです。

人は、気が利かない人を非難したりはしません。

でも、ちょっとした心配りができる人のことは、高く評価します。

「この人は若いのに、こういう気配りができるんだ」

そして、同じ能力なら、「この人に、まかせてみよう」と、気配りができる人に、大きな仕事を回してくれるでしょう。

だから、気配りができる人は、運がどんどん開けていきます。

あなたの周囲にも、さり気ない気配りの達人がきっといます。目を凝らして学び、あなたもそれができる人になってください。

愛と善意を人に与えなさい。「気配り」と「親切」はその象徴です。

——ジョセフ・マーフィー（アイルランド出身の牧師、著述家）

25

「喜び上手」は、運がよくなる。

子どもの頃に戻ったつもりで想像してみてください。

縫い物をしていたお母さんが手を止めて、「ああ、肩が凝った」と言いました。つらそうに目を閉じて、首をぐるぐる回しています。あなたは、そのときどうしますか？

たぶん、「お母さん、大丈夫？」とそばに駆け寄り、肩をとんとんと叩いてあげるのではないでしょうか。

今考えてみれば、小さな子どもの肩たたきは、たぶん的も外していて肩こりを和らげるほどの効果はなかったはずです。それでもお母さんは、「ああ、気持ちがいい。すごく楽になったわ、ありがとう」とニコニコしてくれました。その顔が見たいから、小さな手でとんとんを続けたのではないかと思います。どんな人にもある、幸せな思い出の一つではないでしょうか

ここに、私たちの原点があります。

人は、誰かを喜ばせることに無上の喜びを感じるようにできています。お母

さんが肩こりを我慢して縫い物をしていたのも、あなたの服を作って、あなたが喜ぶ顔を見たかったからかもしれません。

こう考えると、誰かが自分のために何かをしてくれたときに、一番大事なのは、素直に喜ぶことだとわかります。

「いいのよ、肩なんか叩いてくれなくて。どうせ楽にならないんだから。それより勉強しなさい」などと言われたら、どんなにがっかりしたことでしょう。

喜んでもらおうと頑張ったのに、うまくいかなかったとき、人はとても悲しい気持ちになり、ときにそれが、怒りに変わったりします。

ある日本企業がアメリカに進出し、現地に工場を作りました。

日本人の工場長の誕生日が近いと知った現地の社員が、サプライズパーティーを計画しました。当日、何も知らずに出社した工場長のところに、社員たちがニコニコしながら手作りのケーキを運んできました。

ところが、工場長の反応は意外なものでした。

「ダメだよ。そんなことをしたら。就業時間中なんだから困るよ」

工場長が喜んでくれると想像していた社員たちはがっかりしたそうです。

工場長の真面目さや気恥ずかしさも、わからないではありません。でも、ここは思いっきり喜んで見せることで、工場全体が楽しい空気になったはずです。

あなたが誰かからプレゼントをもらったときは、「え、いいのに、こんな高価なもの」ではなく、開口一番「嬉しい！」と言うようにしましょう。

褒めてもらったら、「いいえ、そんなことないですよ」ではなく、「嬉しい！」と言ってください。

それが相手も一番嬉しいのです。

喜んで行い、そして行ったことを喜べる人は幸福である。

――ゲーテ（ドイツの詩人、小説家）

26

「一生懸命に頑張る人」に、運の女神は微笑む。

私の知人は、毎週のように一軒の同じラーメン店に通っています。打ち合わせの会食などが入らない限り、ランチはたいていその店でとっています。

その店はとりたてておしゃれなわけではありません。値段が安いわけでもありません。それなのに、それだけ通い詰めているということは、相当、美味しいに違いないと思いませんか？

ところが、そうでもないらしいのです。

私は思わず、知人に聞いてしまいました。

「どうして？　あの店のラーメン、あんまり美味しくないよね」

すると、知人はこう言いました。

「だって、オヤジさんが頑張っているから」

店主が必死で頑張っているから、潰れないように通っているのだそうです。

それを聞いて、私は「なるほど」と思いました。

私たちは、一生懸命頑張っている人を見たら応援したくなる生き物です。

高校野球で打席に入った選手は、凡打でも必死に一塁に向かって走ります。絶対にアウトになるとわかっていても一生懸命走るから、見ているほうも「頑張れ」と、つい応援したくなるのです。「どうせアウトだから走ってもしょうがない」とダラダラ歩いていたら、応援する気は失せてしまうでしょう。

プロ野球でも同様です。いつも首位争いをするようなチームは、スター選手が多いからファンは大勢います。一方で、ビリのチームにもファンはいます。彼らは、負けても、負けても頑張っているチームを見て、応援しているのです。おもしろいのは、強いわけでもなく、弱いわけでもない、あんまり特徴のないチームにもファンがいることです。それは、強いわけでもなく、弱いわけでもなく、目立たないチームを応援したいという気持ちからです。

今の世の中、「一生懸命に頑張るのはダサイ」ととらえる風潮があります。それよりも要領よくポイントだけ押さえて、手っ取り早く結果を出そうと多くの人が考えています。

でも、そういう人が多いからこそ、実直に、地道に、真剣に取り組んでいる少数派のことを見ている人がいます。

だから、要領がいい人よりも、愚直に汗をかいて一生懸命やっている人のほうが、結局は運を味方につけると言えるでしょう。

私は、一生懸命頑張る人は、必ず道が開けると思っています。

だから、あなたも「もっと要領よく生きなければ」などと焦る必要はありません。本当に楽しいことに愚直に取り組みましょう。

きっと、誰かがあなたのことを見ています。

他の人に一生懸命奉仕する人が、もっとも利益を得る人間である。

——カーネル・サンダース（ケンタッキーフライドチキンの創業者）

27

ワクワクの空気を作れる人は、運を引き寄せる。

運とは「ワクワクするときに生まれるエネルギー」です。

そのエネルギーは、よく観察してみれば、いろいろなところに流れています。

ディズニーランドの入り口ゲート。

行列のできているスイーツ店の中。

空港の出発カウンター。

流行っているショッピングセンター。

共通するのは、新しい世界に向かっていく何か楽しいことが起きそうな予感です。そんな場所にいることを想像すると、あなたもワクワクして、生命力溢れるエネルギーが湧き出るのを感じられるのではないでしょうか。

ショッピングセンターだけでなく、実は、いろいろな場面で、あなたはワクワクしているはずです。

あまり意識しなくても、なんとなく楽しくて元気な雰囲気が漂っている場所。そういうところに、いい運も、いい運を持った人も集まってくるのです。

だから、運をよくしようと思ったら、自分がワクワクできる場に身を置くことが一番です。無理してポジティブな人をまねたり、無理して明るく振る舞ったりする必要はありません。

私が知っている成功者たちは、みなワクワクの天才です。

彼らは自分が大好きなことを仕事にしているから、いつでもワクワクしています。人は、そういうエネルギーを感じさせてくれる人からモノやサービスを買いたいと思うため、どんどんそこに集まってきます。結果的に、ガツガツしなくても彼らのビジネスはうまくいくのです。

よく、「十年後に成功するために、今は我慢を重ねなくてはならない」と言う人がいますが、それは、私から見ると残念な考え方です。

我慢を重ねていたら、いくら頑張ってもワクワクはできないでしょう。ワクワクできなければ人も運も寄ってこないから、苦しくなります。そして、よけいにワクワクできなくなるという悪循環に陥ってしまいます。

我慢の先には、苦しい未来しかないのです。

同じことをやっていても、ワクワクして進むことはできます。

下積みの作業でも、その先に、楽しいことがたくさん待っているとしたら、それさえも、楽しいことになります。

あなたは、我慢とワクワクのどちらの道を行きたいですか？

成功する人は、ワクワクする空気を自ら発して、まわりにその空気を作り出す才能があります。いつの間にか、こちらも楽しい気分になってしまうのです。

ふだんから、自分がワクワクできることをやってください。

そうすれば、周囲にもその楽しさが伝染していくでしょう。


陽気な心は薬のように人のためになる。

――ソロモン（古代イスラエルの王）

28

サプライズが好きな人には、とびっきりの笑顔と運が集まる。

ある女性のもとに、高校時代の友人たちから結婚祝いが宅配便で届きました。

事情があって披露宴は行わなかったのですが、友人たちは「みんなで何かお祝いしたい」と言ってくれました。そのときに友達にお願いしたホーローの鍋が送られてきたのです。

きれいに包装されていた包みをほどいて、女性は驚きました。てっきり鍋だけが入っていると思っていたのに、鍋の蓋を開けると、そこには一口サイズのチョコレート菓子がぎっしり詰まっていたからです。

そして、鍋の底には、そのチョコレート菓子を頬張っている高校時代の女性の写真と、友人たちからの寄せ書きがありました。

そのお菓子はコンビニでバラ売りされている廉価なものですが、昔から女性の大好物で放課後にしょっちゅう食べていました。

それを覚えていた友人たちからの楽しいサプライズに、笑顔と涙が一緒にこぼれてしまったそうです。

鍋に詰まっていたお菓子は、一軒のコンビニでは揃えられない数です。おそらく、友人たちは手分けして、お菓子を買い集め、写真や寄せ書きとともに鍋に入れ、丁寧に包装してくれたのでしょう。

こんなふうに、人を喜ばせるサプライズが大好きで、そのための工夫を凝らせる人がいます。サプライズは、お金をかければできることではなく、入念な計画が必要です。それを面倒だとは考えず、徹底的に念を入れるのがサプライズ好きの特徴です。

また、実際には計画通りにことは運ばなかったりするので、臨機応変に作戦を変更していく対応力も必要になってきます。

私も、知人のセミナーにサプライズゲストとして出席することがありますが、参加者の誰にも気づかれないようにするには、なかなか段取りが大変です。

どの出入り口を使って、どの部屋で待機するか。

いつ、どうやって花束を持って登場するか。

知人のスタッフと一緒に作戦を練って、ワクワクしながら、控え室でスタンバイしているときの楽しさは、子ども時代に返った気分になります。

結構、大変ではあるけれど、当人と参加者の「えぇー！」という驚きの声を聞くのが大好きなので、まったく苦にはなりません。

あなたも、誰かにサプライズを仕掛けてみてください。最初は小さなことから始めましょう。小さなことをやってみて、相手が驚き喜んでくれる顔を見たら、もっと多くの人を喜ばせたいという気分になってくると思います。

サプライズを考えているときのあなたは、まさにワクワクの塊。やればやるほど運気は上がっていくでしょう。

人の価値とは、その人が得たものではなく、その人が与えたもので測られる。

――アルベルト・アインシュタイン（ドイツの物理学者）

29

パーティーを開くと、主催者の運がよくなる。

私は、いろいろな機会によくパーティーを開きます。その一番の目的は、「人と人とをつなぐこと」です。

お見合いなどは、個人的な紹介なら一対一でしか会えないけれど、パーティーなら組み合わせは無限大。五〇人でも一〇〇人でも集まれば、そこにはさまざまな出会いが生まれます。

実際に、私が主催したパーティーで知り合った人たちが、お互いにビジネスの取引先となったり、友人になったり、ボランティアプロジェクトを立ち上げたりと、有機的につながっていく例がたくさんあります。

なかには、そこで出会って結婚する人たちも、年に何組かいます。

そんなわけで、セミナーやパーティーをやるたびに、参加してくださった方から、たくさんお礼のメールや手紙をいただきます。

人は、さまざまなシチュエーションにおいて、「こういう人と出会いたい」という願望を持っています。

その典型例が、「人生の伴侶と出会いたい」というものではないでしょうか。あるいは、信頼できるビジネスパートナーを探している人もいるでしょう。

しかし、その人がどこにいるかはわかりません。

そんなときに、ぴったりな素敵な人を紹介してもらえたら、一生その恩は忘れないでしょう。

パーティーのいいところは、「もしかしたら気が合うかもしれない」人を、さりげなく紹介できることです。一対一だとミスマッチしたときに、その後、ずっと気まずい思いをしますが、パーティーだとあくまで大勢の出席者の中の一人。あまり縁がなかったなら、そのままフェードアウトしていけばいいのです。

パーティーは、スマートに人と人とをつなぐ場です。

あなたも、小さなホームパーティーを主催してみてはどうでしょうか。

「この人とこの人を組み合わせたら、おもしろい化学変化が起きそう」と思えるような人たちを家に招き、楽しい時間を過ごしてもらいましょう。

そこで知り合った人たちは、その場を設けてくれたあなたに感謝して、やがてそれが、あなたに運を持ってきてくれるでしょう。

大げさな準備はいりません。手作りの料理が何品かあったら、あとの料理はデパ地下やスーパーの惣菜で十分です。出席者に飲み物やデザートを持ってきてもらうようにすれば、案外、簡単にできそうではありませんか？

パーティーをする習慣を持つと、気軽にできるようになるし、参加して楽しんでくれた人が、また友人を連れて、やってきてくれます。

そうやって、人と人をつなぐ和が広がっていけば、人生が楽しくなります。

参加した人たちは、みんなあなたに感謝してくれるでしょうし、それがすばらしい出会いと運をもたらすでしょう。

「縁」とは予期しない偶然性である。

――源豊宗（美術史家）

30

目の前にいない人を褒めると、人脈運が上がる。

自分のことを褒められて、嬉しく思わない人はいないでしょう。

私たちの心理には、褒めてくれた人に対して、同じように温かい気持ちを抱くという法則があります。だから、人を褒めることによって、相手を幸せにするだけでなく、相手にも、こちらを好きになってもらいやすくなります。

そして、上手に人を褒められるようになると、自分も楽しくなってきます。

なぜなら、褒めるために、相手のすばらしいところに自然と目が行くようになるし、心から素敵だなぁと思うようになるからです。

実は、人を褒めるときには、目の前で褒めるよりも本人がいないところで褒めたほうが何倍も効果的なのです。

たとえば、上司である課長から、「この資料なかなかよくできているね」と褒められたら嬉しいですよね。

では、エレベータで部長と乗り合わせたときに、「ずいぶん頑張っているみたいだね。いつも○○課長が褒めているよ」と言ってくれたらどうでしょう。

きっと課長から直接褒められるより、ずっと感動するのではないでしょうか。

そして、「ちゃんと見ていてくれたんだ」と、課長に対して、とてもポジティブな印象を持つことにもなるし、尊敬度もアップするでしょう。

こうした気持ちになるのは、人づてに聞いたほうが、その話に信憑性《しんぴょうせい》を感じるからです。

人は、思ってもいないのに、わざわざ陰で誰かを褒めたりはしません。でも、その人の目の前でなら、多少のリップサービスも加えて大げさに褒めがちです。だから、褒められても「お世辞かも」と感じることもあるでしょう。

さらには、本人がいない場ではちょっと悪く言っていることもあるかもしれません。もし、そんなことを知ったら大ショックですよね。

「私のことを褒めてくれたのは、すべて嘘だったんだ」

「あの人って、表と裏がある人なんだ」

なまじ持ち上げられていただけに、そのギャップが大きくて、いろいろ悪くとってしまうでしょう。

もちろん、目の前で褒めてはいけないということはありません。でも、ときには、ほかの人を通して誰かを褒めてみましょう。

「彼女、いつも朝早く来て、みんなのために準備してくれているんです」

「彼、目立たないけれどすごく誠実で、隠れファンが多いんですよ」

こういった「間接褒め」のいいところは、褒めた人と褒められた人に限らず、周囲も巻き込んで、幸せを広げることです。褒め言葉を口にしたあなたも、伝えている途中の人々も、耳にした本人も、みんな幸せな気分になります。

そんな場を作れる人に、すばらしい運は巡ってくるのです。

あなたも、「陰口」ならぬ、「陰褒め」をやってみましょう。

人間は誰でも褒められることが好きなものだ。

――リンカーン（第一六代アメリカ合衆国大統領）

31

いつも穏やかに笑っている人は、人からも運からも愛される。

人は誰だって、穏やかに優しい気持ちで毎日を過ごしたいと思っています。それなのに、ちょっとしたことで感情的になり、そのイライラを人に向けてしまうことがあります。

イライラを人にぶつけてしまうとき、実は、心の中では「いけない、抑えなくちゃ」と思っているのに、なかなかそれができません。だから、もどかしくてさらにイライラが募り、それが爆発してしまったりします。

いったんは成功した経営者がダメになっていく典型的なケースに、「周囲の人が離れていく」というのがあります。

ビジネスは順調なときばかりではありませんから、失敗も起きます。

そのときに、ついイライラして「自分はこんなに頑張っているのに、お前たちは何もやっていないじゃないか」などと社員に感情をぶつけてしまう経営者がいるのです。

でも、社員もそれなりに頑張っていて、いろいろ提案したいこともあります。ただ、社長がイライラしているから、それを言い出せません。

こうして、もしかしたら経営改善につながったかもしれないアイデアを生かすことができず、さらには人が次々と離れ、気づいたら無能な社員だけが残って、本格的に経営が駄目になっていくのです。

こうしたことは、恋愛の場でも見られます。

ケンカは、どちらかが一方的に悪いということはありません。でも、感情的になれば、自分だけが苦しんでいるとか、相手は少しもわかってくれないなどと悪く考え、どんどん事態を悪い方向へと向けてしまいます。

「私がどれだけあなたのことを思っているか知らないでしょ！」

「どうして、俺の言っていることがわからないんだ！」

おそらく、心の底には愛情があるはずなのに、相手が離れていくようなことばかり言ってしまうのです。まさに、それは、「自爆」そのものです。

イライラは、自ら運を手放してしまう爆弾とも言えるでしょう。あなたは、そんな爆弾をたくさん抱えていませんか？

素敵な運は、感情が安定している人のところにやってきます。だから、できたら、爆弾は捨ててしまいましょう。

そのかわりに、いつも穏やかに対応できたら、二人の関係はどれだけよくなるでしょうか。ちょっと、イメージしてみてください。

「ごめんね。そんなに僕のことを考えてくれていたんだ」と感謝とともに言葉を返したら、「いえ、私こそ、強く言いすぎてごめん」という言葉が返ってくるかもしれません。

どんなときも穏やかに。心がけてみてください。

人間は笑うという才能によって、他のすべての生物より優れている。

――ジョゼフ・アディソン（イギリスの文筆家）

32

運がいい人に、「運」のお裾分けをしてもらう。

アメリカで映画スターになろうと思ったら、まずはハリウッドに向かうことです。演技やダンスの勉強をするにしても、ハリウッド近辺のスクールに通うことが肝心です。

というのも、ハリウッドにはスター俳優や成功した映画関係者が大勢いて、日常的に彼らと出会うチャンスがたくさんあるからです。また、彼らが放っているとてもいい運気をもらうこともできます。

日本でも、かつて文豪と呼ばれる人たちが住んでいた地域に小説家の卵たちが集った時期がありました。また、作家の人が集まるバーには、大作家だけでなく、最近賞を取った作家、出版関係者が大勢います。

あなたは、「勝ち馬に乗る」という表現が好きでしょうか、それとも嫌いでしょうか。

戦国時代、どの大将につくかが、一族の命運を分けました。そのときに勝ち目がある武将に鞍替《くらが》えしてでも、生き残りを賭《か》けたわけです。

ついている人にくっついていくと、その運を分けてもらうことができます。

でも、負けている馬にくっついていけば、ダメな運気をかぶってしまいます。

もし、それが戦国時代なら、一族全員討ち死にになってしまうところです。運というのは、良くなるか、悪くなるかどちらかしかありません。

あなたも、自分が将来何かやりたいと思うなら、この「勝ち馬に乗る」ということが重要だと憶えておいてください。その分野で成功している人たちに近づいて、どんどんいい運気をもらいましょう。

「そんなことをしたら、成功している人の運が減るのではないか」という心配はいりません。成功している人たちは、分けても分けても、どんどん運が湧き出てくるので枯渇《こかつ》することなどありません。遠慮なくいただきましょう。

そして、分けてもらった運気で成功したら、今度はあなたがほかの人に同じことをしてあげればいいのです。

運のいい人は、なぜかどこに行っても、運がいいことが多く、運の悪い人は、貧乏くじを引いてしまうのです。

以前、私のセミナーで、運のテーマを扱ったことがありますが、そのときに、人生を振り返って、運のチャートを作ってもらう実習をしました。

これまでの人生を五年ごとに区切り、自分の運気が上昇した、下降した、平坦だったという波を描いてもらうのです。

おもしろいことに、ずっと上のほうで波を描く人もいれば、下のほうで、波を描く人もいました。もちろん、波があるのは全員共通しているのですが、運がいいほうで、波があるのと、下でずっと苦しむのでは、全然違う人生です。

運のいい人と一緒にいて、おもしろいのは、運がいいことが当たり前になってしまうことです。そうすると、自分の運が悪かった時代が過去世のようになってしまい、あなたには、運のいい現実しかなくなるのです。

幸せには伝染する力がある。その力を充分に活用すること。

――ドロシー・ロー・ノルト（アメリカの教育者）

33

運の流れを感じ、直感で未来を読む。

就職活動をしている学生の多くは「今、一番人気の会社」に入りたがります。そうした会社から内定がとれた同級生を「ラッキーだ」と羨ましがります。

でも、本当にそうでしょうか？

そのときにピークの会社は、ゆっくりであっても、そこから下降に向かうのですから、私はむしろ、避けたほうがいいと考えます。

それよりも、今はまだ小さくても、これから上り調子になっていく会社に入ったほうが、未来も明るいし、仕事も楽しいのではないでしょうか。

どんな国、企業にも栄枯盛衰《えいこせいすい》があるように、「場」や「人」にも、上昇したり下降したりといった、運気の流れがあります。

昔は栄えていた土地が、人口流出が進んで過疎化してしまった。逆に、かつては田んぼしかなかった土地に、ショッピングモールができて人口が倍増した。とても人気のあった俳優が、いつの間にか画面から消えていた。逆に、冴《さ》えなかった俳優が、一つの役によって、一躍人気者になった。

こうしたことが、世の中のさまざまな局面で起きます。その気の流れを読んで、上り調子のほうを選べば運気がアップしますが、下がっていくほうについていると自分の運気も落ちてしまいます。


「気の流れを読む」というと難しい感じがするならば、「自分が感じたことに素直でいればいい」と解釈してもいいでしょう。

私たちはふだんから、いろいろなことを感じ取っています。

「なんだか、今日は出たくないなあ」

「あの人といると、どうもテンションが下がる」

特別な根拠もなく感じるとき、そこには、あんまり楽しくない気が流れています。そんなときは、その感覚に従い、素直になりましょう。

ところが多くの人が、そういう自分の感覚を無視してしまいます。

「ちゃんと約束を守らないと」

「やっぱり行かないと嫌われそうだしなぁ」

こうして、あまり行きたくない場所へ、無理に行ってしまうのです。

一方で、「いい感覚」を得ることもあるはずです。

ある特定の場へ行くと、なんとなくいい気分になったり、ある特定の人といるとくつろいだりするのは、そこにいい気が流れているからです。

そういう場や人と積極的に接することで、あなたの運気はアップしていきます。

こうした気は、ほかの人と感じ方が違って当然です。ある人にとって「いい感覚」なものが、あなたにとって「どうもイヤ」ということもあるでしょう。

そんなときは、自信を持って自分の感覚に従ってください。

自分の心と直感を信じる勇気を持ちなさい。

――スティーブ・ジョブズ（アップル創業者）

34

いい質問が
いい運を呼び込む。

私たちは、一日に何百回も自分自身に質問をしていると言われています。

そして、その内容はネガティブなものがほとんどです。

「どうして、私はこんなにお金がないんだろう？」

「大事な日に限って、なんで雨ばかり降るの？」

「自分は、なぜ、モテないのかな？」

嬉しいことがあったときに「なんで、こんなにいいことばかり起きたの？」とは考えないのに、イヤなこと、残念なことについては「なんで？」「どうして？」と自分を問い詰めてしまうのです。


そもそも、「なぜ？」をつけた瞬間から、私たちの思考は否定的な材料を探し始めます。

「なぜ、今あんまりお金がないんだろう？」

「なんで、毎日楽しくないんだろう？」

「なぜ、自分には、たいして才能がないのか？」

その結果出てくる答えは、

「無能で稼ぎが少ないから」

「才能がないから、退屈な仕事しかできないため」

「生まれつき。運命だから、諦めるしかない」

といったものでしょう。

見ただけで、気分が悪くなるか、人生に絶望してしまいます。

この答えは、感情的に突発的に出てきたものなので、正しいかどうかは、検証されません。理論の回路を通ってきていないからです。

私たちは絶えず何か考えていて、自分に質問してしまうクセがあるので、質問を意識的に、「運がつくもの」に切り替えればいいのです。

「なんで、課長は私を褒めてくれたんだろう？」

「なんで、僕は友達が多いんだろう？」

「どうして、僕は運がいいんだろう？」

大小どんなことでもかまいません。答えがすぐに出なくても大丈夫です。ポジティブな投げかけをしただけで幸せ感が満ち、運気はアップするのです。

ちなみに、人に何か質問するときには、その人がポジティブな返事をするしかないものを選べたら最高です。

「○○さんにとって、今一番幸せを感じる時間ってどんなときですか？」
「これからぜひ、行ってみたいところってどこですか？」
「大好物の食べ物について教えてください」

こんな質問に答えているとき、人は自己肯定感に包まれ、楽しくてワクワクした気分になります。そのワクワクはいろいろなところに伝染して、場全体がいい運気に巻き込まれていくでしょう。

優れた質問は、知恵の半分といえる。

——フランシス・ベーコン（イギリスの哲学者）

35

真のライバルとの摩擦が、運を作る。

棋士《きし》の羽生善治《はぶよしはる》さんと対談したときに、とてもおもしろい話を聞きました。世の中では「竜王」「名人」などの位にいる一部の棋士ばかりが注目されているけれど、将棋の世界において、上位の何十人かはほとんど力に差がないというのです。

たしかに、さまざまな試合の対戦成績を丁寧に見ていくと、一、二勝の僅差で大勢が並んでいます。

また、一つひとつの試合においても、投了間際までどちらが勝つかわからず、ちょっとした読みのミスが負けにつながったりしているようです。

こういう実力が拮抗《きっこう》した人がたくさんいるからこそ、お互いに切磋琢磨《せっさたくま》してより高みに登ることができているのでしょう。

ビジネスでも同様で、自分一人だけ頑張っていたら、どんどん上に行けるかといえばそんなことはありません。いいライバルがいなければ、大きな成功を手にすることは難しいのです。

隣で誰かが走っていれば、「あの人が行けるところまでは自分も頑張ろう」と結果的にかなり長い距離を走ることができます。

しかし、一人で走っていると、「このあたりで充分だろう」とわりあいレベルの低いところで自分にOKを出してしまいます。

隣で走っている人は気になるし、「いなければいいのに」と邪魔に思うかもしれません。しかし、その人こそ、あなたに幸運をもたらす存在なのです。

本当のライバルとは、決して足を引っ張り合うような関係ではなく、かといって、ダメなのを慰め合って終わる関係でもありません。お互いの摩擦によって新しい可能性を発芽させ、一緒になって成長していける間柄です。

私にも、幾人かの大切なライバルがいます。活動している分野は違っても、「この人はすごい」と会うたびに感服するような人たちです。

なかなか会えなくても彼らの存在を意識することで刺激をもらい、「こちらも、もう少し頑張ってみよう」と思えるのです。

誰をライバルにするのかは、とても大切なところです。

何事につけ、「自分よりちょっと上だな」と思えるくらいに実力のあるライバルがいたら幸運です。そういう人となら、お互いに勝ったり負けたりしながら、揃って上に行けるでしょう。

人間ですから、ライバルに負けて自尊心が傷つくこともあるかもしれません。でも、それもまたいいことです。

いつも自分が勝てる弱い人ばかりを相手にしていたら、なかなかあなたのステージはアップしません。あなたの運気を上げてくれる存在は、「ちょっと上」にいると気づいてください。

互いの向上につながる競争であれば、よき競争相手の存在は好ましい。

――松下幸之助（パナソニック創業者）

36

相手を好きになると、ハートも運も開く。

誰かとケンカをしたり、トラブルを抱えているよりも、人を好きでいたほうが運気は上がるということは、誰でも想像がつくでしょう。

しかし、「自分は積極的に人を好きになるのが苦手だ」という人がときどきいます。そういう人は、たぶん真面目に考えすぎているのです。

誰かを好きになるときに、その人のすべてを好きになる必要なんて、ありません。恋人のように大好きになることもないでしょう。

どこか一カ所でも、「あの人のこういうところ、結構いいんじゃないかな」と思える部分を見つけられたらOKです。

人は誰でも、その人なりのチャームポイントを持っています。それを発見するのが上手なら、人を好きになるのも簡単です。

たとえば、「鼻筋が通っている」のはもちろん素敵ですが、低い鼻が魅力的ではないとは言い切れません。低い鼻だとはとらえずに、「小さくて可愛らしい鼻だ」と感じる人もいます。

口数の少ないおとなしい人について、「あの人、陰気くさいよね」と悪くとる人もいますが、「思慮深くて、しっかりしている」と評価する人もいます。

このように、さまざまな人の個性の中からチャームポイントを見いだせたら、この世は素敵な人ばかりになっていきます。

もしかしたら、人を好きになるのが苦手な人は、せっかくのチャームポイントを逆から見ているのかもしれません。

生まれたばかりの赤ちゃんは、みんなくしゃくしゃの顔をしていますね。でも、お母さんは「自分の子どもが一番可愛い」と感じます。

「髪の毛が薄いところがキュート」

「まるまるとしたおデブさんよね」

「お父さんそっくりのガラガラ声で泣くのよ」

客観的に見たら「マイナスかも」と思えるような面にも、お母さんは魅力を感じることができています。

ですから、誰かを好きになりたいのに、なかなか難しいというときには、その人のお母さんになりきって、その子のいいところを見てあげるというのはどうでしょう。それだけで、一気にハードルが下がりませんか？

それでもダメだというなら、おばあちゃんになってみましょう。「この人は自分の孫だ」と想像したら、もっとハードルは下がります。

「一生懸命に反抗してくるところが可愛い」

「わがまま勝手に動き回っているところも許せる」

これには、練習が必要です。あなたが、どんな人も会った瞬間に好きになれるようになると、この世界は、安全な場所になります。なぜなら、みんなが友達で、あなたを喜んで助けてくれるようになるからです。

人に好かれるのは、人を好きになることの裏返しに過ぎない。

――ノーマン・ビンセント・ピール（アメリカの聖職者）

37

「聞く力」を鍛えれば、運は開く。

学生時代にアメリカに滞在したとき、私は英語があまりできませんでした。なので、ホストファミリーが私を気づかって、いろいろ話しかけてくれるのに、愛想笑いしかできませんでした。

次の日、それではいけないということで、彼らの愛情に応えたくて、ひたすら、相づちを打ちました。

「Really?」「I see」「Wow!」

など、知っている相づちを一〇パターンほど、なんとなく文章の切れ目かなぁと思ったところに、入れていったのです。もう気分は、餅つきのサポートで木槌を臼《うす》にたたきつけるときの介添え人です。怪我をしないように、合いの手を入れていくので、精一杯でした。

ごく簡単な言葉しか口にできなくても、表情や身振り手振りを添えて、大げさなくらいに反応して見せたのです。

すると、びっくりしたことに、相手にとても喜んでもらえました。そのとき、知り合いのツテを頼って滞在していたので、ホームステイ先のファミリーに気に入ってもらって、友人を紹介してもらえないと、次の町に行けません。なので、出会う人たちに、好かれる必要があったのに、気の利いたことが言えないものですから、いろいろ作戦を考えました。試行錯誤の末に思いついたのが、さっきの「相づちの天才になる！」ということです。

相手が何を言っているかわからなくても、相づちなら打てます。そして、話すのが好きな人なら、相手が内容を一〇〇パーセントわかっていなくても、盛り上げてくれる話し相手さえいれば、いいんじゃないかと思ったのです。

私の作戦は大成功。とくに、暇で話し相手がいない、おじいちゃん、おばあちゃんに可愛がってもらい、「彼はすばらしい人だ」と言ってもらえました。

みな、私が話の内容を理解できていないことはわかっています。それでも、「一生懸命聞こう」としていることを評価してくれたようでした。

「聞こうとする姿勢」こそコミュニケーションの極意なのだということを学んだような気がします。

これは、アメリカに限ったことではなく、世界中どこに行っても同じです。それだけ人は、「自分の話を聞いてもらっていない」のではないでしょうか。そして、「もっと、誰かにちゃんと聞いてもらいたい」と願っているのです。

妻が夫にもっとも不満を抱くのもこの部分だと言われています。

仕事から帰った夫に、妻はその日にあったことをいろいろ話します。しかし、疲れているのか、仕事のことを考えているのか、夫は生返事。そして、妻は夫とのコミュニケーションにがっかりしてしまうのではないでしょうか。

人は自分の話を、おざなりではなく、ちゃんと聞いてくれる人が好きです。

相手のことが大切なら、話をじっくり聞いてみましょう。

あらゆる人間関係に役立つ提案――いい聞き手になること。

――リチャード・カールソン（アメリカの作家）

38

神聖な場所で、感謝の瞑想をする。

感謝する習慣が身につけば、間違いなく運気は、アップします。

もっとも、一口に感謝と言ってもいろいろな種類があります。人に「ありがとう」と伝えるだけでなく、見えない存在に対して自分の心の中で静かに行う感謝も重要です。

そのために、足を運んで欲しいのが神社仏閣、教会などの神聖な場所です。いわゆるパワースポットと呼ばれるような有名なところから、見逃してしまいそうな小さなものまで、日本には神社仏閣がたくさんあります。もっと気軽に立ち寄って運気アップに活用するといいでしょう。

神社仏閣では、多くの人が「○○になりますように」とお願いをしているのではないかと思います。言ってみれば、神仏に対する「おねだり」です。これを少しやめてみて、日々の生活への感謝に変えてみましょう。

というのも、他力本願を中心に生きている人に幸運はやってきません。運とは、できる限りのことを最大限やっている人に与えられるボーナスのようなものなのです。

だから、頑張れていることに対して、感謝するのが一番です。

「お陰様で家族全員、元気にやっています。ありがとうございます」

「毎日、仕事ができることに心から感謝しています」

手を合わせ心の中でつぶやくと、心がスーッと軽くなるのを感じるはずです。こんな簡単なことで、あなたの運気はかなり上昇するでしょう。

ある金融ディーラーの男性は、仕事帰りに自宅近くの小さな神社に立ち寄り、十五分ほど過ごすのを習慣にしています。

仕事でかなりの緊張を強いられており、それをひきずったまま家に帰ると、どうしても家族に当たってしまうからだそうです。

「なぜ、あの値下がりを見抜けなかったんだろう」

「明日も、なにか大変なことが起こるんじゃないだろうか」

いろいろなことが頭を巡っている状態を、神社で手を合わせリセットし、

「今日も一日ありがとうございました」と感謝してから家に向かう。これだけで、家族が迎えてくれたときにはとても穏やかな気分でいられるというわけです。

神社での十五分で、男性は見事に運を引き寄せているのです。

また、お墓参りもおすすめです。お墓をきれいに掃除して手を合わせ、自分がこの世に送り出されたことに感謝してみましょう。ときどき、お墓を「縁起の悪いもの」ととらえている人がいますが、ある意味では、墓地は、人の心を静めて、運気を変える場所といえるでしょう。

イライラするようなことがあったときには、積極的にお墓参りやパワースポットを回って、乱れた運気を整えるといいでしょう。

感謝は最大の徳であるだけでなく、すべての徳の源である。

――キケロ（古代ローマの政治家）

39

何かを捨てれば、運は開く。

私たちは小さい頃から「ものを大切にしなさい」と教えられてきました。その教え自体はすばらしい教えだと思います。

でも、ときどき「大切にする」を勘違いして、「捨てる」ことができなくなっている人がいます。そして、それによって運気を滞らせているのです。

捨てるのは「大切にしない」という意味ではありません。ときに、「捨てることで、大切にすることができる」のです。

捨てるという言葉に違和感があるなら、「手放す」と言い換えてもいいでしょう。自分にとって不必要なものや、あまり上手に使いこなせていないものを手放せば、それを誰かが使ってよりよい価値を生み出してくれます。でも、手放さずにいたら、なんの価値も生み出せないままになってしまいます。だから、かえってムダにしてしまうのです。

また、よけいなものをとっておくことで本当に大事なものがダメになってしまうというムダもあります。

たとえば、あなたの家の冷蔵庫を想像してみてください。

必要なものだけがほどよい量入っていれば、冷蔵庫はきちんと作動します。ところが、賞味期限が切れた古い食品や、カビた食品などがギュウギュウに詰め込まれていたら、冷蔵庫の温度は適切に保たれないし、カビが移ってほかの食品もダメになってしまいます。

クローゼットも同様です。

もはや着ることがない古い服は、言ってみれば息をしていない服。それを捨てることに罪悪感を持つ必要はありません。息をしている新しい服をよりきれいに保つために、むしろ捨てるか、あげるほうがいいのです。

仕事でも、上手に手放すことで運を引き寄せることができます。

私たちは、つねにいくつか複数の仕事を抱えています。しかし、体は一つですから全部を完璧にこなすことはできません。だったら、いくつかを誰かにまかせたりするなどして、思い切って手放してしまいましょう。

もし五つの仕事があったら、そのうち三つを手放すと、残りの二つは早く完壁に終わります。その成功体験があると、次の仕事はさらにうまくいきます。

ところが、五つをずっと持ち続けていると、いつまでたってもどれもこれもうまくいかないということになります。

「身軽さ」は、運を呼び込む重要な条件です。

ためしに、家を片づけてゴミ袋一〇個分のいらないモノを捨ててみると、気分がスーッと晴れるはずです。

すっきりした状態に、素敵な運が呼び込まれてくるのです。


革新の鍵は捨てることにある。

――ピーター・ドラッカー（アメリカの経営学者）

40

ベストコンディションでないときに、運はやってくる。

一流のアスリートは、いつも自分のコンディションをベストに保つことを考えています。一般の人は、「アスリートなんだからそれは当然だ」と受け止めています。

しかし、ベストコンディションは、アスリートだけに求められるものではありません。ビジネスパーソンでも家庭の主婦でも学生でも、いいパフォーマンスをしていくために、ベストコンディションは必須です。

ところが、多くの人がそれを認識していません。

暴飲暴食したり、風邪を引いたり、イライラしたり、落ち込んだりと、ベストコンディションとはかけ離れた状況に平気で自分を置いています。これが、スポーツの世界なら、あなたは、予選落ちで、本選にも出られないでしょう。それでは、せっかくのチャンスを失ってしまいます。

このとき重要なのは、あくまで「自分のベストコンディション」を保つということです。

たとえば、「朝型が健康にいい」と言われているからと、誰もが朝型にする必要はありません。

「自分は夜に集中力が上がるタイプだ」とわかっているなら、夜にベストコンディションが保てる工夫をすればいいのです。

時間が自由になる仕事なら、昼過ぎから働き始めてもいいし、それが無理なら午前中はあまり飛ばさないようにするというのでもいいでしょう。

また、環境作りも重要です。

「しーんとしたところで仕事をするのがいい」という人もいれば、「がやがやしているほうがかえってはかどる」という人もいます。

「シンプルなデスクだと仕事がしやすい」という人もいれば、「ゴージャスなほうがノリノリでいける」という人もいます。

あるいは、「目標を細かく設定したほうが動きやすい」という人もいれば、「アバウトにしておいたほうが、いい結果が出る」という人もいます。

トップアスリートは、みなほぼベストコンディションをオリンピックや大会当日に持ってくることを意図します。ですが、興味深いことに、どれだけ優秀な人がコーチとしてついていても、体調に気をつけても、前日の練習で肉離れを起こしたり、風邪を引いたりすることがあります。

でも、トップになれる人は、ここからが違うのです。

ベストコンディションではなくなったときからが強いのです。もう、やれるだけのことをやった、もう一か八《ばち》か勝負だという開き直りが運を呼び込みます。

金メダルの裏には、そういうエピソードがいっぱいです。

ふだんから、ベストで勝負しようという本気に、運はやってくるのです。

最善とはいえない状況でやった仕事に、一番誇りを感じる。

——スティーブ・ジョブズ（アップル創業者）

41

誰もやりたがらない
リーダーを経験すると、
運のステージは
大きくアップする。

ある若者は、幼い頃から引っ込み思案でした。勉強もスポーツもいわゆる平均点くらいで目立たず、学級委員のようなリーダーには一度もなったことがありませんでした。

だから、就職してからも、上司から言われたことは真面目にやるけれど、何事につけ自分からすすんで手を挙げるということはありませんでした。

そんな彼が変わったのは、新人歓迎会がきっかけでした。

彼の部署には毎年一〇人前後の新入社員が入ってきます。そのたびに歓迎会を行うのですが、決算期と重なっているために非常に忙しく、誰も幹事を引き受けたがりません。

その年も、いろいろ理由をつけてはみな逃げてしまい、あまり自己主張をしない彼にお鉢が回ってきました。

もちろん、彼も忙しかったのですが、元来、真面目な性格なので手を抜くことはせず、店探し、日程調整、予算設定などを丁寧に行いました。おかげで、部署のほぼ全員が参加でき、楽しい会になりました。

すると、翌日から周囲の彼に対する評価が変わっていきました。

「○○君、昨日はずいぶん上手に仕切っていたね」

見ていた上の人たちが感心し、その後、プロジェクトリーダーなどに推薦してくれるようになったのです。

彼の同僚の中には、「幹事なんて引き受けていたら損をする」と考えている人もいたことでしょう。

マネジャー職など会社の役職としてのリーダーにはなりたいけれど、つまらない雑用や面倒な会のリーダーは引き受けたくないのです。

しかし、実は、幹事などの小さなリーダーを経験することは、その人の運のステージを大きくアップさせるのです。というのも、そういったことをやると、多くの人たちからの感謝が寄せられるからです。

実際に、さきほどの彼は、上の人間から褒められただけでなく、新入社員たちからも頼りにされる先輩となり、仕事を上手に回せるようになりました。

あなたも、積極的に、小さなリーダーを引き受けてみてください。

同窓会やサプライズパーティーを企画したり、地域コミュニティで掃除大会を主催するということでもいいでしょう。

「あの人が積極的に手を挙げてくれたおかげで、私たちが助かった」

こう思ってもらえる人のところには、間違いなく運がやってきます。

最初は、すぐに何かが起きるわけではありません。でも、いわゆる大抜擢は、あなたの、そういう姿を覚えている誰かによって、起きるのです。

世話役を引き受ける人がいなくて、みんなが困っている。

そういうときは、大チャンスなのです。


本当に幸福になれる者は、人に奉仕する道を探し求め、ついにそれを見いだした者である。これが私の確信である。

――アルベルト・シュバイツァー（フランスの神学者）

42

「まさか!」の対処で運気を上げる。

ある中堅事務機メーカーで、大きな問題が発生しました。出荷する直前の商品説明書に、大きな印刷ミスが見つかったのです。

説明書自体を作り直している時間はなく、部分的にシールを貼って対応することになりました。しかし、商品を管理する部署の人員が少なくて、とても間に合いそうにありません。

そのとき、営業部の一人の課長が外に出ていた部下たちを呼び戻し、シール貼りの仕事を分担させました。この対応が実に見事で、その課長は上層部からも部下たちからも高い信頼を得ることになったそうです。

このように、ふだんはあまり目立たなくても、ピンチになると存在感を見せる人がいます。ピンチを鮮やかに処理できる人は周囲から尊敬され、大きな仕事をまかされるようになります。

逆に、ピンチから逃げてしまう人は運も逃げてしまうのです。

では、ピンチに強い人は、そうでない人とどこが違うのでしょう。おそらくピンチに強い人は、「緊急モード」への切り替えが上手なのです。

どんな人であっても人生には幾度かのピンチが訪れます。でも、たいていの場合、それは予告なくやってきます。私たちが油断してのんびりしているときに限って、やってくるのです。

そんなときに、パッと切り替えて、そのピンチに全力で向き合えるかどうかが重要なのですが、企業のトップであっても、あるいは一国のトップであっても、これができない人もいます。

たとえば、大きな災害などが起きたときに、ゴルフをしていて、途中でやめずに、最後までラウンドしていた、などと批判される政治家がいます。ちょうどそのとき、休暇でゴルフに行っていたのはしかたのないことですが、そこで瞬時に切り替えられず、ぼーとしている印象を与えてしまったことで、信頼感が一気に落ちてしまうのです。

私たちの日常においても、素早いスイッチの切り替えが必要です。

仕事関係であっても、家庭や教育の場でも、誰かが「ちょっと話があるんだけど」と来たときは、手元の仕事は一度止めて、その人に向き合いましょう。それは、その人にとっての緊急事態だからです。

私も、家で原稿を書いていても、家族が話しかけてきたときは、必ずパソコンを閉じて、「家庭モード」に切り替えています。逆に、家族も私が必ず聞くことを知っているので、本当に大切なことでないと、話しかけてきません。

ところが、今やっていることを続けながら「なに？　耳は聞いているから」などと対応すると、相手をイライラさせてしまうでしょう。

話を聞いて欲しい側から見ると、「ダメだ！」という気分になります。

ふだんから、呼びかけには素早く、真摯《しんし》に対応していきましょう。

ピンチのときこそ、仕事の本質が見える。

――魚谷雅彦（資生堂社長）

43

ベストから、もう二回工夫できる人が、成功する。

私がよく行く日本料理店に、徹底的に仕事を究める料理人がいます。彼は、メインではない付け合わせの野菜一つにも、見事な飾り包丁を入れます。

たとえば、ニンジンで紅葉を、キュウリで青葉を表現したりするのです。

たしかにそれによって美しさが増し、私たちの目を楽しませてくれるのはわかりますが、それをしなくても料理は充分に美味しいのです。

あまりにも手間がかかりすぎではないか。連日満員の人気店なのだから、その手間をほかに回したほうが得なのではないか。

そう思った私は、一度聞いてみたことがあります。

「どうして、こんな面倒なことをするんですか？」

すると、「面倒くさいと思ったら、そこから、さらに三手間かけるようにしているんです」という答えが返ってきました。その手間があるからこそ、お店は流行っているのだと、彼の答えにしびれました。

だから私も、彼を見ならって、本のゲラをチェックするときなど「もういいだろう」と思ってから、さらに最低三回は見直して、修正、加筆するようにしています。

どんな仕事でも、手を抜こうと思えば抜けるし、さらに手間をかけようと思えば、かけることができます。

たとえば、上司に「○○について三つの案を金曜日中に出してくれ」と言われたら、三つの案を期限ぎりぎりに出してよしとするでしょう。その中には、「まだ詰めが甘いな」と感じる案も交ざっているはずです。

「でも、まあ、言われたとおりに出せたから、いいや」

これが、普通の人の働き方です。

でも、運を開いていく人は、ここに「ちょっとプラス」を心がけます。

三本と言われたところを五本出してみる。

期限より一日早く木曜日に出してみる。

あるいは、案を出すだけでなく資料をつけてみる。

こうした小さなひと頑張りによって、この人は、全然違うという印象を与えることができます。

そうやって、ほかの人にはつかめない運をつかんでいくのです。

小さなひと頑張りをプラスしても、すぐに実利につながるとは限りません。もしかしたら、その頑張りに上司はなかなか気づいてくれないかもしれません。

しかし、「手を抜かずにやった」という気持ちは自分の中に残ります。それはとても大事なことなのだと思っています。

いつも手を抜くクセをつけていれば、それに見合う結果しか手にできません。

見る人は、ちゃんと見ています。

やがて大きなチャンスが訪れることは間違いないでしょう。


成功するのに最も確実な方法は、常にもう一度だけ試してみることだ。

――トーマス・エジソン（アメリカの発明家）

44

人の嫌がることを自分が先にやってみせる人が、運を引き寄せる。

私たち人間は、つい「ラクをしたい」と思ってしまう生き物です。きついことや汚いことはなるべく遠ざけて、ぬくぬくしていたい。放っておけば、どんどんそちらに流れてしまいます。

でも、大きな運をつかんだ成功者と呼ばれる人たちの多くは、あえて人の嫌がるようなきつくて汚いことをすすんでやっています。人の嫌がることをできる人は、そこに落ちている運を一人で拾うことができるのです。

また、それによって自分の殻を破ることも可能になります。

私が尊敬しているイエローハット創業者の鍵山秀三郎さんも、その一人です。鍵山さんは、毎朝のトイレ掃除を自ら行うことで有名です。

もともと掃除好きのご両親に育てられた鍵山さんは、最初の就職先でも、独立してからも、率先して社内の掃除をしました。とくに、社長になってからのトイレ掃除を徹底しました。

当時の自動車用品業界は今のようなエリート集団ではなく、いろいろ訳ありの社員もいたそうです。そこで鍵山さんは、掃除を通して彼らの心のすさみを取ろうと考えました。

しかし、最初は社長がどれほど頑張っていてもみな無関心。でも、一切押しつけなどせずに、淡々と一人で掃除をしていました。なんと、社員が率先して一緒に掃除をするようになるまでには、十年かかったそうです。

もっとも、それも無理はない気もします。というのも、鍵山さんのトイレ掃除はゴム手袋など用いません。素手で便器を磨くのですから、なかなかマネできるものではありません。

でも、最初は躊躇《ちゆうちよ》している社員でも、一度やってしまうと嘘のように晴れ晴れとした表情になるそうです。

鍵山さんは、『日本を美しくする会』を発足させ、街の掃除も先頭切って行っています。そこでも、排水溝の泥など、一番汚いところにまず手をつけます。それができたら、あとは簡単だからです。

よく、要領のいい人・悪い人という表現をします。もし、要領のいい人が上司から「素手でトイレ掃除をしておけ」と言われたら、どうするでしょう？

要領のいい人なら、人のいい後輩に、掃除を押しつけるかもしれません。

そして、上司に「やっておきました」と報告してばれなければ、「しめしめ、自分は要領がいい」と思うかもしれません。でも、その人はそこ止まりです。

一方、押しつけられて渋々やった後輩は、たぶん、ものすごい学びを得ます。

「こんな汚いと思っていたところに、自分は素手を突っ込めたんだ」

ブレークスルーできた自信は大きく、その後は、「なんでもこい」と思えるようになるでしょう。

イヤなこと、面倒なことにこそ、飛び込んでみましょう。


ひとつ拾えば、ひとつだけきれいになる。

――鍵山秀三郎（イエローハット創業者）

45

自分を喜ばせると、運気はアップする。

あなたは今、毎日、どれくらい楽しく生きていますか？
大声で笑ったり、心から楽しい！　と思うようなことがあるでしょうか。
あなたが、自分の接待係だとして、どれくらい自分を喜ばせていますか？

大人になった今、あなたの幸せを心から願って、動いてくれる人はそんなにいないはずです。あなたが、家族や友人を大切にしている人なら、誕生日のときぐらいは誰かがサプライズを企画してくれるかもしれません。

けれど、日常生活では、両親、パートナーですら、あなたが毎日幸せにしているかどうか、気にしているわけではないでしょう。

もちろん、あなたがものすごく不幸だったり、落ち込んでいたなら、心配するかもしれません。会社を辞めたいとか、失恋して死にたいと言って、ずっとため息をついていたとしたら、心配してくれるかもしれません。でも、そうでなければ、それぞれに忙しいので、そこまでかまってはくれないでしょう。

自分の幸せは、自分で責任を持たなければいけないのです。

幸せな人は、「自分にとっての幸せ」を理解して、快適に暮らしています。

別の視点で言うと、本人が何を楽しく感じるか、嬉しいかを知っていて、心地よい空間や環境を自分で作っているのです。

自分の大好きな家に住み、趣味のいいインテリアに囲まれて生活しています。そして、大好きな家族や仕事仲間との幸せな時間を過ごしているのです。

この「自分を喜ばせる」という考え方は、一見利己的に感じるかもしれません。自分にワガママを許してはいけない、我慢しなくてはという感覚を私たちの多くが持っているので、それに反する感じがしてしまう人は多いのです。

けれども、人生を楽しく生きるためには、「自分を喜ばせる」ことは、とても重要なのです。最初は、自分を喜ばせることにフォーカスしましょう。

まず、自分自身を別の人間として、冷静に見てみましょう。

この人は、何を楽しみだと感じて生活していますか?

どういう空間が好きですか?

ふだん、どういう人と一緒にいたら、ワクワクしますか？

どんな仕事をさせてあげれば、輝くのでしょう？

毎日、どういう時間の使い方をすれば、ハッピーになるのでしょう？

そういったことを専属の「幸せ請負人」として、真剣に考えるのです。もちろん、接待の予算は限られているので、予算内でやりくりする必要があります。

収入が増えてきたら、予算も増えます。どんどん喜ばせてあげましょう。

最初は、お金のかからない「ゆっくりお風呂に入る」といったことかもしれませんが、徐々にグレードアップしていけばいいのです。

あなたの腕がよければ、この人は最高の人生を送れるようになるでしょう。


自分の生きる人生を愛せ。自分の愛する人生を生きろ。

——ボブ・マーリー（レゲエミュージシャン）

46

たくさんお金を使う人に、金運はつく。

金運がいい人って、どんな人でしょうか？

宝くじに当たる人？

それとも、仕事ができる人でしょうか？

資産家に生まれる人でしょうか？

金運がいい人は、「お金の流れを引き寄せる術に長《た》けている人」です。

たとえば、ここに資産一億円、年収四〇〇万円の公務員の人がいるとしましょう。もう一人は、資産は一〇〇〇万だけど、年収が一〇〇〇万円の実業家です。

どちらの人の金運が高いと思いますか？

お察しの通り、一〇〇〇万円稼ぐ人のほうが、豊かな暮らしをしています。

なぜなら、日々の豊かさは、ストックではなく、フローだからです。

ということは、お金を上手に稼いで使う人のほうが、資産はあるけど、お金の流れが停滞している人よりも、将来的に有利だということになります。

さきほどの二人の例で言うと、十年後、豊かになっているのは、たぶん一〇〇〇万円稼いでいる人です。なぜなら、実業家の人には、ダイナミックにお金を使って、次の収入を生み出す技術があるからです。

実際に、ビジネスチャンスは、お金の流れが速く、多い人のところにいきます。あまりお金が流れていない人の目の前を素通りしていくのです。

お金持ちへの早道は、お金を使うことです。お金を貯める人よりも、きれいに使う人に、金運は引き寄せられます。

お金を持っていると安心すると言う人がいますが、そのことで、逆に不安を作っているともいえます。それだと、誰からの誘いも断り、家で一人ご飯の毎日のほうが、安全だと考えるようになってしまうからです。

逆に、毎晩のように人と会って、自分の新しい可能性を模索する人のほうが、未来は安定しているのです。

お金を手元に持っておかなくちゃと感じたときこそ、外に打って出なければいけないときです。

戦国時代、敵に攻められたとき、自分の城にこもって相手が去ってくれるのを待つか、城から出て攻めるのか、選択を迫られるときがありました。

人生も、それと似たところがあって、城の中にこもって安全な道を選ぶこともできます。それだと、攻められないかわりに、戦いにも勝てません。あるいは、自分から出て、やれることはなんでもやってみようという気持ちで新しいことにチャレンジするのかで、その後が違ってきます。

お金をまったく使わず、家でじっとしている人には、運はやってこないのです。

無駄遣いばかりも困りますが、今の手持ちのお金を上手に使って、未来の可能性を開いてください。

お金を役に立てるということこそ、お金があることの最大の価値である。

――ベンジャミン・フランクリン（アメリカの政治家、物理学者）

47

つきあう人を変えれば、運命も変わる。

私たちの日常は、ふだんつきあっている人によって、決まってきます。

たとえば、サラリーマンとだけつきあっていると、なんとなく、従業員メンタリティーが身につきます。会話の内容も、上司の悪口だったり、会社のプロジェクトをどうすすめるのかといったことが多いでしょう。

同じ会社でも、一緒にいるのが、役員クラスなのか、部課長クラスなのか、平社員なのかで話の内容は違ってくるかもしれません。

一方、自営業やフリーランスで仕事をしている人たちと一緒にいると、フリーのノリになります。仕事をどうもらうのか、ギャラがどうだとか、どの会社の支払いがいい、悪いといった話をしているかもしれません。

実業家の人たちと一緒にいれば、会話も、投資、ビジネスモデル、海外進出、ゴルフ、トライアスロンなど、実業家の好きそうな話題になるでしょう。

主婦の場合は、その人たちのクラスによって話題が違うでしょう。たとえば、セレブ主婦なら、先週行ってきたドバイのエステの話、ホテルのスイーツ食べ放題の話かもしれません。普通の主婦のグループなら、子どもの話、パートの時給の話、夫の話などをするでしょう。

あなたが将来、どうなりたいのかによりますが、将来なりたいような人と一緒にいるべきです。

なぜなら、今の社会では、それぞれのグループの生き方、話題、話のテンポが全然違うからです。あなたが、本当に一緒にいたい人といなければ、どこかで違和感を持っているはずです。

自分が、大きな会社の経営陣になりたいなら、将来経営幹部になるグループと一緒にいるべきです。また、幸せな主婦になりたいなら、夫の悪口を言って盛り上がっている人たちと一緒にいるべきではありません。

仕事より、家族や友人を一番にするタイプの生き方を選びたければ、平日の午後に家族でバーベキューを楽しんでいる人たちと友達にならなければいけないのです。

しかし、一つ大きな問題があります。今、あなたが、理想と違う生き方をしていたら、本来属したいグループの人たちとノリや話題が合わないはずです。

最初は、そこを我慢して、うまく新しいグループに潜り込まなければいけないのです。最初、自分は浮いているなぁとか、違和感を覚えるはずです。

しかし、その気持ちの悪さ、気恥ずかしさに耐えなければ、あなたは一生新しいグループには、属せないのです。

愛がいっぱいある人たちは、絶えず新しい人たちのために席を用意しています。逆に、そこが、意地悪な人たちばかりのグループだとしたら、そんなところに入る価値がそもそもあるのでしょうか?

勇気を出して、自分が本当に入りたいグループに飛び込んでください。

愛に溢れた人は、愛に溢れた世界に住み、敵対的な人は、敵対的な世界に住みます。あなたが出会う人は、あなたの鏡です。

――ケン・ケイエス・ジュニア（アメリカの作家）

48

「ありがとう」をたくさん集めた人が、成功する。

あなたは、毎日どんな生活をしていますか？

あなたが、普通に生活をしている限り、何らかの活動をしていると思います。それは、勉強、家事、仕事などでしょうが、どれだけ楽しんでいますか？

そして、それは、どれだけの人を幸せにしているでしょう。

私たちの生活は、つまるところ、誰かとのエネルギーのやりとりでできています。家族のために、家事をする、会社で営業をする。美容室でお客さんの髪を切る。そういうことをやって生活していると思います。

そのときに、家事をやっていると、家族を喜ばせていることになるし、営業の仕事をやっているなら、その仕事で喜んでもらっているお客さんがいるはずです。

今の社会では、人を喜ばせている人数だけ、経済的利益も増えるようになっています。別の言葉で言うと、「ありがとう」と感謝されるたびに、何かの価値が生まれているのです。

コピー機の営業マンなら、新しいコピー機を導入して、事務作業の効率がよくなった、「助かった、ありがとう」と言われることがあるはずです。

そのお客さんからの「ありがとう！」が、一カ月に一回なのか、毎週なのかで、営業成績は全然違ってきます。お客さんの「ありがとう！」が本当に思っている「ありがとう」なら、感激して、新規顧客を紹介してくれるはずです。

そうやって、「ありがとう！」は、伝染していくのです。

今の社会のシステムでは、「ありがとう」を集めた人や会社が、成功するようにできているのです。

人気のレストランには、たくさんの「ありがとう！」を言ってくれるお客さんが連日つめかけています。もし、味やサービスが悪ければ、次はありません。ですから、「ありがとう」を一回もらうだけでは不十分で、何度も「ありがとう！」をもらい続けるところしか成功しないのです。

では、あなたは、どれだけ毎日「ありがとう！」をもらっているでしょうか。

上司、同僚、部下の会社内の人にまず感謝されているでしょうか？

見分け方は簡単です。あなたが、「会社を辞めます」と言ったときに、それが会社全体のショックで、社長や部長が「頼むから辞めないでくれ」と慰留することになったら、あなたはたくさんの人を幸せにしていたことがわかります。

逆に、あなたが辞めると言いだしたときに、みんなに「ありがとう！」と言われたとしたら、あまり、会社に貢献していなかったことになります（笑）。

この「ありがとう！」集めは、スタンプラリーのような気分でやっていくと、とても楽しいプロジェクトになります。

家事でも、仕事でも、どうやって愛する人を喜ばせようか、ワクワクしてみんなで考える。そういうところに、「ありがとう！」も、運も集まるのです。

働く意味は、他人から、「ありがとう」を集めることにある。

——渡邉美樹（政治家、ワタミ創業者）

49

人のためにに祈れる人には、
運がやってくる。

運がいい人が共通してやっている、もっともすばらしいことに、「祈ること」があります。

といっても、彼らは、自分のことでお祈りしているわけではありません。神社の話と同じで、「神頼み」ばかりしている人には、運はやってきません。

彼らのすばらしいところは、日常的に人のために「お祈りをしている」ことです。友人のお父さんやお母さんが病気だと聞けば、全力でお祈りします。

たとえば、私の友人で、知り合いが病気になったと聞いたら、願掛けで、お風呂で冷水を浴びて、全快をお祈りする人がいます。そういう人は、自分からそんなことをしているなんて、絶対言いません。しかし、奥さんがそっと、教えてくれたりするのを聞いて、なんてすごい人なんだと思いました。

もし、あなたの家族が病気になって、知り合いが冷水をかぶってお祈りしてくれていると聞いたら、感謝の気持ちが湧いてくるのではないでしょうか。

それが、その人の運になるのです。

もちろん、そんなことを考えて、本人は願掛けをやっているわけではありませんが、結果的にそうなるのがおもしろいところです。

祈る対象は、なにも病気になった人だけではありません。仕事がうまくいっていない人、恋愛で落ち込んでいる人、人生の方向性が定まらずに、転職で悩んでいる人たちのために祈ります。

また、結婚したてのカップルが、ずっと幸せでいられるように、受験で合格した甥《おい》っ子が、楽しく充実した大学生活を送るように、祈るのです。

祈ると言っても、神棚に向かって瞑想しなければいけないわけではありません。そして、特別に時間を取らなくても大丈夫です。

電車を待つちょっとした時間。お昼ご飯の注文した品が来るまでの待ち時間。そういうときに、短いお祈りをするのです。

私は、このことを禅のマスターから教わりました。究極的には、座らなくても、日常生活のすべてが禅である。道を歩いていても、人と話していても、意識をクリアーにすることができる。それができるようになれば、お祈りも同時進行でできるようになります。

誰かのためにお祈りをして、楽しいのは、その人の幸せなイメージがありありと見え、感じられることです。ある意味では、本人も気づいていない、すばらしい未来の先取りを頭の中でやっているのです。日常的にやっていると、この世界が日増しにすばらしくなっていることが実感できるようになります。

私たちは毎日進化している。みんな幸せのほうに向かっている。そういう祈りの中に生きることが、本当に運がいいということです。

あなたも、誰かのために、祈りたくなってきましたか？

そういう気分になってきたら、自分の大好きな人から先に、お祈りしてあげましょう。

きっと、幸せな気分になるでしょう。

祈りがなかったら、私はとっくの昔に気が狂っていたであろう。

――マハトマ・ガンジー（インドの政治指導者）

おわりに

本書を最後まで読んでくださって、ありがとうございました。

運とは、不思議なもので、つかもうと思っても、つかめるものではありません。空気のようなもので、気がついたら、そこにあるものだと思います。

ふだんは、すっかり忘れていて、「あなたは、本当に運がいいですね！」と誰かに言われたときに、「あ、そういえば、本当にそうですね。ありがたいことです」という感じで気がつくものが運です。

運がよくなるためには、あなたが運のことを忘れるぐらい、毎日本当に大切なことにエネルギーを注ぐことが大事です。あなたが大好きなことを大好きな人と追いかけてください。ワクワクするエネルギーのあるところに、運はやってきます。

あなたが、助けてあげる人、喜ばせてあげられる人に、運をあげてください。それは、あなたの人生を喜びに包み、楽しくするのではないでしょうか。

長い人生では、「運がよくないなぁ」「なんて不運なんだ」と思うことにも、たびたび出会うはずです。

そのとき、一見、不運に見えることが、後の幸運につながっているといったことがあるのを思い出してください。離婚、リストラ、病気、失恋などの不運を経て、本当の愛、ライフワーク、健康を手に入れる人も多いのです。

本書のいろいろなエピソードを参考にして、「自分の未来は、きっとよくなる」と読者の方に感じていただけたら、著者としては、望外の喜びです。

あなたの毎日が、感謝と愛で満たされますように。そして、すばらしい人との縁をつなぎ、ワクワクすることがいっぱい起きますように！

新緑の美しい八ヶ岳にて

本田　健

著者紹介
本田 健（ほんだ　けん）
神戸生まれ。経営コンサルタント、投資家を経て、29歳で育児セミリタイア生活に入る。4年の育児生活中に作家になるビジョンを得て、執筆活動をスタートする。「お金と幸せ」「ライフワーク」「ワクワクする生き方」をテーマにした1000人規模の講演会、セミナーを全国で開催。そのユーモアあふれるセミナーには、世界中から受講生が駆けつけている。大人気のインターネットラジオ「本田健人生相談～Dear　ken～」は1600万ダウンロードを記録。世界的なベストセラー作家とジョイントセミナーを企画、八ヶ岳で研修センターを運営するなど、自分がワクワクすることを常に追いかけている。2014年からは、世界を舞台に講演、英語での本の執筆をスタートさせている。
著書に『ユダヤ人大富豪の教え』『20代にしておきたい17のこと』（以上、だいわ文庫）、『きっと、よくなる！』（サンマーク文庫）、『ワクワクすることが人生にお金をつれてくる！』（フォレスト出版）、『金持ちゾウさん、貧乏ゾウさん』（ＰＨＰ文庫）などがある。著書シリーズはすべてベストセラーになっており、累計発行部数は600万部を突破している。

本田健公式サイト
http://www.aiueoffice.com/

本書は書き下ろし作品です。

ＰＨＰ文庫　強運を味方につける49の言葉

2015年7月17日　第1版第1刷

著　者　本　田　健
発行者　小　林　成　彦
発行所　株式会社ＰＨＰ研究所
東京本部　〒135-8137 江東区豊洲5-6-52
文庫出版部　☎03-3520-9617(編集)
普及一部　☎03-3520-9630(販売)
京都本部　〒601-8411 京都市南区西九条北ノ内町11
PHP INTERFACE　http://www.php.co.jp/
組　版　有限会社エヴリ・シンク
印刷所
製本所　共同印刷株式会社

ISBN978-4-569-76320-0

PHP文庫好評既刊

一流の想像力

仕事の感性が磨かれる56のヒント

高野　登　著

一流と二流の差は、想像力の違いにあった！　時代や職種に関係なく結果を出す人になる「想像力の鍛え方」を、数々の実話を元に紹介！

定価　本体六〇〇円（税別）

PHP文庫好評既刊

子どもに教えたい「お金の知恵」

「一生お金に困らない子」に育つ47のルール

本田　健　著

「子どもを100％応援する」「自分の夢を子どもに話す」など、お金の専門家が〝我が子を幸せな小金持ち〟にする魔法の子育てを伝授。

定価　本体五六〇円（税別）